Jeosafá

O JOVEM MANDELA

NovAlexandria

2ª edição – São Paulo – 2015

© *Copyright*, Jeosafá Fernandez Gonçalves

2013 – 1ª edição
Em conformidade com a nova ortografia
Todos os direitos reservados.
Editora Nova Alexandria
Av. Dom Pedro I, 840
01552-000 São Paulo-SP
Fone/fax: (11) 2215-6252
Site: www.novaalexandria.com.br
E-mail: novaalexandria@novaalexandria.com.br

Revisão: Plínio de Mesquita Camargo
Capa: Viviane Santos sobre foto de Jurgen Schadeberg
Editoração eletrônica: Viviane Santos

Créditos das fotos: Jurgen Schadeberg: Capa e páginas 08, 106
Fotos de arquivos: 13, 27, 30, 37, 45, 57, 64, 75, 99, 112, 121
Istock Digital: 21
Departamento de História da Universidade de Kwazulu: 47
Baileys African History Archive: 84
Sam Nzima: 93

Dados Internacionais de Catalogação na Publicação (CIP)
Angélica Ilacqua CRB-8/7057

JEOSAFÁ 1963-
 O jovem Mandela / Jeosafá Fernandez Gonçalves. – São Paulo : Editora Nova Alexandria, 2013. – (Jovens Sem Fronteiras)
 128 p.

 Bibliografia
 ISBN: 978-85-7492-373-4

 1. Mandela, Nelson, 1918 - Infância e juventude 2. África do Sul - Presidentes - Biografia 3. História 4. Ficção I. Título

 13-0224   CDD 923

Índices para catálogo sistemático:
1. Biografia - Mandela, Nelson, 1918

Ninguém nasce odiando outra pessoa pela cor de sua pele, por sua origem ou ainda por sua religião. Para odiar, as pessoas precisam aprender, e se podem aprender a odiar, podem ser ensinadas a amar.

Nelson Mandela

Sumário

Apresentação 11

1. Nas asas do apartheid 15
2. No ninho do apartheid 23
3. Luz para cegar 29
4. A dignidade não se resume a dois palmos a mais de tecido 39
5. Uma tela de cinema clandestina 49
6. Meditação 59
7. Universidade Mandela, uma aula 67
8. Universidade Mandela, outra aula 77
9. Por quanto tempo pode ser prolongada a juventude 87
10. Uma Johannesburg estranha demais 95
11. Um homem não é uma ilha 101
12. A paciência é revolucionária 107
13. Jardineiros e suas searas 115

Bibliografia 125

Apresentação

O personagem que o leitor tem diante de si neste livro é um Nelson Mandela muito particular. Isto porque, na trilha dos acontecimentos extraordinários que envolveram a derrota final do apartheid na África do Sul e que repercutiram pelo mundo todo ao final do século XX, em sua voz ecoam vozes de poetas e de escritores, além de angústias de outros personagens mergulhados em dramas semelhantes.

Assim, o leitor descobrirá, no Capítulo 3, intitulado "Luz para cegar", que a luz a agredir os detentos da pedreira de calcário da ilha de Robben é irmã daquela reverberação torturante que ofende os olhos do sentenciado à pena de morte de *O estrangeiro*, de Albert Camus.

Na voz do protagonista deste *O jovem Mandela*, reflexões sobre os impasses gerados pela luta contra o apartheid acolhem versos da "Canção amiga", de Carlos Drummond de Andrade, no Capítulo 7, denominado "Universidade Mandela, uma aula".

A título de ilustração sobre a aventura dos portugueses pelo Cabo da Boa Esperança, hoje Cidade do Cabo, África do Sul, no Capítulo 8, "Universidade Mandela, outra aula", o poema famoso "Mar portuguez", de Fernando Pessoa, funciona como um marco da passagem de Bartolomeu Dias, em 1488, por esse ponto extremo sul do continente.

Quando a questão é pesar o drama do indivíduo instado a abrir mão do convívio familiar para enfrentar a luta contra o regime de segregação racial, no Capítulo 9, "Por quanto tempo pode ser prolongada a juventude", versos de "Mensagem à poesia", de Vinicius de Moraes, surgem na forma de prosa sutilmente modulada.

No Capítulo 10, "Uma Johannesburg estranha demais", uma cidade enevoada ecoa os "timbres tristes de martírios" do *Livro azul*, de Mário de Andrade. E em "Um homem não é uma ilha", o Capítulo 11, a referência a *Robinson Crusoé*, de Daniel Defoe é direta.

Além dessas incrustações de fácil observação, ecos do Dostoiévski de *Recordações da casa dos mortos* (publicado pela Nova Alexandria) e do Graciliano Ramos de *Memórias do cárcere* podem ser rastreados por todo o texto, na forma de discurso indireto livre e de registro de fluxo de consciência, empregados tão magistralmente por ambos.

Assim, este *O jovem Mandela* que o leitor tem em mãos é ao mesmo tempo ficção e história, informação e condensação artística de expectativas, sonhos, frustrações e júbilo. Sua espinha dorsal é, sem dúvida, o personagem real de mesmo nome, mas este recebe a contribuição de outras vozes inventadas, representativas de dramas humanos igualmente verdadeiros.

O autor.

Nas asas do apartheid

1

É 13 de agosto de 1964. Treze não é um número que inspire confiança. E agosto também não é um mês saudado com vivas pelo mundo afora. Bem, poderia ser pior: poderia ser sexta-feira. Sendo, porém, quinta, o calendário não corrobora a superstição universal, portanto não é provável, de um ponto de vista estritamente supersticioso, que o avião despenque antes de atingir a pista da ilha de Robben.[1]

Porém, o clima sombrio no interior do DC3 militar que leva os condenados do Processo de Rivônia à prisão de segurança máxima não se deve certamente a especulações cismáticas, afinal, tivessem eles dúvidas para com o desconhecido, para com o mundo das ciências ocultas ou para com o reino das hipóteses sem apoio na ciência, não se teriam atirado de corpo e alma a uma luta absolutamente

---

1 Ilha de Robben

Situada a 12 km da cidade do Cabo, avistada do continente a olho nu, a ilha de Robben tem aproximadamente 5,5 km de comprimento por 2,5 km de largura. Descoberta por Bartolomeu Dias em 1488, foi incorporada às rotas comerciais entre Europa e Índia com a finalidade de abastecer navios mercantes portugueses, ingleses e holandeses.

Ao final do século XVI, os Khoikhoi, derrotados em sua luta de resistência à ocupação europeia, foram feitos prisioneiros na ilha. A partir de 1652, com os empreendimentos da Companhia das Índias Orientais, controlada pelos holandeses, a ilha passou a fornecer, principalmente aos navios, frutas e legumes plantados na própria costa por colonos holandeses enviados para esse fim, como forma de combater o escorbuto que dizimava as tripulações.

Com a crise da Cia. das Índias Orientais e o crescente poderio britânico, ao final do século XVIII a Inglaterra impôs seu domínio na região e a ilha passou a aprisionar criminosos e inimigos da coroa. Ao longo do século XIX e com o fim do domínio inglês no início do século XX, a ilha foi destinada a isolar doentes mentais, leprosos, desabrigados, mendigos, prostitutas doentes e idosos abandonados. Em 1930, a ilha tornou-se base militar. Essa destinação se acentua em razão da eclosão da Segunda Grande Guerra.

2 Apartheid

Em 15 de maio de 1938, em Johannesburg, na residência pertencente a um membro da Broederbond (Liga da Fraternidade, uma irmandade secreta de partidários radicais da supremacia branca), ocorre a reunião sigilosa entre líderes do Partido Nacional (Purificado), francamente racista, mas ainda minoritário, que traça o esboço do que virá a ser o apartheid, termo holandês cujo significado é "segregação". O termo foi empregado pela primeira vez nessa reunião por Hendrik Verwoerd. Além dele participam da reunião Daniel François Malan, chefe do Partido, Piet Meyer, um dos principais dirigentes da Igreja Holandesa Reformada local, de linha calvinista ultraconservadora, e Henning Klopper, fundador da Broederbond. Dez anos depois, em 28 de maio de 1948, o Partido Nacional assume o poder, em eleições em que os 25 milhões de negros da África do Sul estão privados do voto. Com 89 cadeiras das 154 do Parlamento, o Partido Nacional elege como primeiro-ministro Daniel François Malan. Braço direito de Malan, Hendrik Verwoerd é encarregado de implementar as quase 2 mil medidas racistas que, ao final dos anos 1940, delinearão o perfil do regime de segregação racial institucionalizado chamado apartheid, a exemplo do *Immorality Act*, que proscreve as relações sexuais inter-raciais, da *Prohibition of Mixed Marriage*, que proíbe o casamento entre eles, e do *Population Registration Act*, que, em síntese, visa recensear toda a população negra do

desproporcional, e com poucas chances de vitória em curto prazo, a fim de conquistar o direito de voto para todos os sul-africanos.

De olhos fechados, alisando a testa com as pontas dos dedos da mão direita, embalado pelo ruído dos motores do DC3, o futuro prisioneiro 466/64 respira pausada e profundamente. Nos interstícios de sua respiração uma ideia germina, cresce e desabrocha em fração de segundo: "Nessa ilha ficará minha juventude". Mesmo que ele não seja supersticioso, esta é uma flor aziaga.

Porém uma ideia como tal é excessivamente cruel, então ele reage instintivamente e abre os olhos para observar seus companheiros de viagem. Um militar, quase um menino, branco como um lírio, no entanto de olhos de aço, o observa. O homem que ainda não sabe que será identificado por um número sustenta o olhar. O militar jovem, agarrado a seu fuzil, encara-o furiosamente. O escoltado volta a alisar a testa com as pontas dos dedos, ainda fitando o menino aferrado a seu brinquedo de bangue-bangue. Nesse ínterim, outra ideia germina e se abre em flor serenamente em seu pensamento, e essa ideia é a de que o ódio é a pior das prisões.

Por que será que ele, que acabara de receber uma sentença tão contundente, se encontrava em paz com seu coração e seus nervos e o recruta parecia à beira de uma convulsão nervosa? Será porque pesa sobre seus ombros toda a responsabilidade de entregar ao severo corpo de guardas e carcereiros da ilha de Robben os prisioneiros, senão os mais periculosos da África do Sul, os mais temidos pelos todo-poderosos chefes do apartheid?[2]

O bom de uma prisão perpétua é que nenhum tempo empregado em indagações pode ser considerado desperdício, uma vez que a única liberdade possível nessas condições é a de pensar e imaginar, em silêncio, naturalmente, tomados os cuidados de não se assumir ares arrogantes ou suspeitos, coisa que custa no mínimo coronhadas na nuca, nos ossos da face ou nos dentes. Convém, portanto, pensar em silêncio, preservando na face uma máscara neutra, impenetrável, e o corpo imóvel, a não ser que uma ordem da autoridade policial determine o contrário.

Este silêncio no bojo da aeronave, na placenta do ruído das hélices, que incômodo. Melhor seria se o recruta, ou qualquer um dos demais militares da escolta, pouco importa, não vem ao caso, assaltado por alguma dose de impaciência, começasse a bater a coronha de sua arma no chão. Porém,

país para, a partir daí, iniciar as deportações em massa.

A proibição de casamentos inter-raciais implica que casais e famílias inteiras passem imediatamente à condição de criminosos, pois as relações sexuais do casal tornam-se legalmente ato de imoralidade, passível de severas punições. Para que essas leis entrem em vigor, todo um aparato governamental e burocrático é criado, de modo a se decidir quem é negro, quem é branco e quem é mestiço. Na dúvida, examinar-se-á o couro cabeludo das pessoas: o cabelo crespo próximo à raiz indicaria origem africana. Como na África do Sul há grandes contingentes de população de origem indiana, o regime de hierarquia racial situou a população negra, numericamente oito vezes superior à branca, no mais inferior estamento social – apenas um pouco acima foram situados os indianos. É o delírio racista ao extremo. O Congresso Nacional Africano (CNA) lutará pela superação das divergências políticas entre africanos, indianos, mestiços e brancos não racistas para pôr fim ao apartheid.

não. Todos, inclusive os prisioneiros, insistem em assumir inércia de manequim de loja de roupas.

Não é o momento de passar a limpo os momentos decisivos do processo. Ora, por que não? Com tanto tempo pela frente para viver ou capitular, perseverar ou entregar os pontos, qualquer instante é o ideal. Até pela simples razão de provavelmente ser este voo, este exato voo, esta barriga de avião, o último espaço fora da cadeia que os sentenciados à prisão perpétua conhecerão.

Então, que mal pode haver em escapar em pensamento às cadeias que prendem os pés aos bancos e as mãos uma na outra? Foi uma cartada firme encerrar o discurso de defesa diante do tribunal reafirmando a vida dedicada à causa e a disposição de morrer por ela. Afinal, que causa mais justa pode haver do que a da igualdade entre os homens? Entre a defesa e os acusados já se tinha formado a convicção de que o regime do apartheid, falando pela boca de um judiciário completamente subserviente, sentenciaria a pena capital.

"O que foi que ele disse?", "O que foi que ele falou?", "Qual foi a sentença?" eram as frases escapadas entre os dentes de muitos. O juiz, talvez envergonhado, talvez com toneladas de culpa a lhe pesar na consciência e nos músculos da língua e da face, ao invés de proclamar claramente sua decisão, balbuciou-a, sem levantar os olhos do papel para encarar aqueles a quem se dirigia. Como um rastilho, as frases "É perpétua?" e "Ele disse 'perpétua'?" se propagaram e um certo alívio incrédulo se espalhou por entre os bancos do plenário, nos quais o público tenso se contraía e preparava os ouvidos para o pior.[3]

O principal acusado do processo – o mesmo que proferira o discurso heroico, que no dia seguinte se espalhava na forma de folheto pelo país e para a imprensa internacional – voltou-se para o plenário com um sorriso tranquilizado. Porém seu filho mais velho, acomodado logo atrás, consciente da crueza da sentença e mortificado pela sorte do pai, não devolveu a ele o sorriso franco de meia-vitória.

Para quem esperava a forca, ouvir a sentença de prisão perpétua era uma sorte, se é que ser enterrado vivo no inferno preparado pelo apartheid para destruir ao longo dos anos seus inimigos mais renitentes poderia ser chamado de "sorte".

3 Prisão da ilha de Robben

Com a ascensão do Partido Nacional (Purificado) ao poder, nas eleições de 28 de maio de 1948, e a institucionalização do apartheid, a ilha de Robben tornou-se prisão de segurança máxima para os opositores do regime, mas também para presos comuns considerados de alta periculosidade. É nessa prisão que Nelson Mandela permanecerá a maior parte dos 27 anos de seu encarceramento, de onde sairá para derrotar o apartheid e se tornar o primeiro presidente da República eleito pelo voto direto de todos os sul-africanos, não apenas dos brancos, nas eleições livres de 26 a 28 de abril de 1994. Quando deposita seu voto na urna, no dia 27 desse mês e desse ano, Mandela sorri e declara à imprensa mundial: "Votei pela primeira vez na vida!".
Em 22 de fevereiro de 1990 Mandela deixa a prisão. Braço direito erguido e punho fechado, faz a saudação de luta, agora vitoriosa, do CNA. É, sem dúvida, um dos mais gloriosos e sublimes momentos da história humana.

No ninho do apartheid

2

Tirem roupas, anéis, alianças, colares, sapatos. Soldado, examine os ânus daqueles dois prisioneiros para ver se não trazem alguma correspondência ou outro objeto escondido. Prisioneiros, saibam que aqui somos a lei e a ordem. Aqui determinamos o que é permitido e o que é proibido. A mínima infração aos regulamentos é punida com rigor. Aqueles que têm penas longas as verão acrescidas sempre que causarem problemas, aqueles que cumprem prisão perpétua terão regalias mínimas e castigos exemplares, e revistar o reto de vocês não é castigo, é apenas praxe da nossa segurança. Se não desejam passar por esse vexame e outros ainda piores, colaborem.

Caso considerem a comida excessivamente salgada, reflitam sobre suas últimas ações no cumprimento das determinações da autoridade carcerária e, se desejam que a urina humana presente em suas refeições seja retirada, ajam com discernimento quer na pedreira, quer no pátio, quer nas alas, quer nas celas.

Aqui, cada um é responsável pelo que faz de bom e de ruim, porém, não é incomum que um castigo provocado por um mau comportamento individual seja estendido a todos. E o que é um mau comportamento? Além das normas de segurança gerais, há que considerar que cada autoridade de turno tem sua própria forma de trabalho.

Assim, pode ocorrer que algo tolerado por uma autoridade seja, por outra, objeto de sanção. Cabe a vocês buscar a melhor forma de se relacionar com a autoridade presente.

Cada um receberá um uniforme constituído de camisa e calção. Preservem-nos o quanto puderem, pois se eles se estragarem antes do previsto, terão de remendá-los com os materiais de que dispuserem, não sendo descartada a hipótese de terem de andar com eles rasgados ou sujos até que surja oportunidade de que sejam lavados ou costurados.

Na entrada de nossa prisão lê-se claramente: "Temos orgulho de servir na ilha de Robben".

Saibam que levamos a sério essa inscrição, por isso, fazer com que cumpram suas penas é para nós uma imensa satisfação. Eventualmente, tornar-lhes a vida mais penosa não é para nós difícil, uma vez que não vieram para cá para se divertirem. Por isso, cogitem sempre a hipótese de que as coisas podem endurecer, antes de sequer imaginar situações que possam nos causar constrangimentos.

Em cada uniforme há um número. É o número da cela de cada um, pelo qual passam a ser identificados no estabelecimento prisional. O número é grande, mas não se assustem: os dois dígitos finais dizem respeito ao ano de 1964. Vou agora realizar a chamada: Fulano, a partir de agora número 464; Beltrano, a partir de agora número 465; Cicrano, a partir de agora número 466. Como podem ver, já estamos perto do número 500, e ainda estamos na primeira metade de agosto.

Em cada cela há uma esteira para dormir, que deve ser enrolada durante o dia, uma lâmpada no teto acesa dia e noite, e um balde com tampa. Tampado, esse balde é o único banco com que contarão para se sentar, aberto, é a única privada com que contarão para se socorrerem. Eventualmente, podemos fornecer cobertor. Pela manhã, antes de se dirigirem ao café, assim que a cela for aberta, devem esvaziar e limpar o balde.

Muito bem. Sem prévio aviso, as revistas serão executadas aleatoriamente, de dia ou de madrugada, com sol ou com chuva. Se desejam escapar a elas evitem desconfiarmos de que estão contrabandeando mensagens para fora da prisão.

A rotina é simples: dez horas diárias de britagem de pedras de calcário com marretas de até dois quilos aqui no pátio interno. Com o passar do tempo, verão que a coisa fica mais fácil: caminhada de 20 minutos até a pedreira, trabalho duro com picaretas para extrair as pedras de cal e transportá-las até o pátio para britagem. Se fingirem doença para não encarar o trabalho em dia de chuva ou de sol excessivo, serão denunciados, cumprirão castigos em solitária e ficarão sem comer pelo mesmo período do castigo.

Sempre que forem se dirigir a um guarda, peçam autorização, larguem martelo, picareta ou qualquer outro objeto no chão e apresentem as mãos espalmadas à frente do corpo até que o guarda autorize que elas sejam baixadas. Não importunem o corpo da guarda por razões falsas, nem interrompam o trabalho sem motivo justo, pois são infrações passíveis de punições de toda ordem, inclusive aumento do tempo de pena, isto para aqueles que não cumprem a perpétua, pois para estes a coisa aperta por outro lado. O que são razões verdadeiras e o que são motivos justos, cabe ao corpo da guarda decidir.

Todo e qualquer tipo de organização entre vocês é proibido terminantemente. Toda forma de representação é proibida. Toda reunião é proibida. Toda forma de comunicação não autorizada será punida exemplarmente. Toda necessidade deve ser comunicada individualmente ao agente prisional mais próximo. Tumultos, brigas, tentativas de fuga são contidas com o uso das armas. Guardas, podem levá-los à ala B.

Luz para cegar

3

O prisioneiro número 466/64 mergulhou na penumbra do recinto em que a autoridade prisional o aguardava. A meia-luz do gabinete policial, se assim se pode chamar, alivia as pupilas levadas ao extremo do desconforto pela luz ofuscante do pátio interno da prisão da ilha de Robben, onde as pedras de cal, fervidas pela luz solar inclemente e britadas a martelo, reverberam por toda parte um branco desesperador.

Porém, o prisioneiro 466, sabia, pelas sucessivas experiências, que não poderia realizar a passagem do pátio externo, violentado pela luz implacável, ao espaço interno do gabinete mal iluminado sem uma calma e precavida transição.

É por isso que agora – de pé, os braços musculosos de lutador de boxe distendidos ao longo do corpo, a porta do pátio aberta às costas, marcando o quadrado branco ofuscante do espaço de onde viera, o chefe de turno a sua frente, sentado atrás de uma escrivaninha – , é por isso que agora, dizia, 466 espremia com força as pálpebras, divertindo-se com os círculos coloridos a flutuarem em suas retinas eternamente atacadas pela conjuntivite, prêmio de todos os prisioneiros condenados a espatifar a olho nu as rochas alvas do extremo sul da África. Pensando nisso, considerou divertido, embora irônico, o regime racista do

Luz para cegar

apartheid obrigar prisioneiros negros a esmagarem a infindável pedreira branca da ilha de Robben.

Era também divertido saber que sua cegueira voluntária e provisória o livraria por alguns instantes da dor nos olhos que fatalmente sobreviria, quando o chefe do turno, erguendo a cabeça do relatório que rascunhava, lhe dirigisse a palavra.

Estar de pé ali, parado, ereto, com as pálpebras relaxadas e toda a musculatura do corpo em repouso, era uma sensação reconfortante. O risc--risc do lápis na folha de papel indicava a falta de pressa do policial em interromper o que estava fazendo. Noutras ocasiões, como quando ainda estava livre, considerava falta de educação um funcionário do governo fingir ignorar alguém só por causa da cor da pele. Porém, agora que seus olhos precisavam de um descanso, estar ali parado, a ouvir os ruídos de sua própria respiração, das pedras britadas ao longe e do lápis nervoso sobre o papel, era tudo que desejava. Tomara essa sensação agradável durasse para sempre.

— *Que é que você quer agora, Quatro Meia Meia?*

Era sempre assim, havia o momento em que teria de abrir os olhos estufados de luminescência e confrontá-los com o halo sem luz em que o chefe de turno estava sempre mergulhado. Experimentou abrir lentamente as pálpebras. O impacto mais violento foi amenizado, mas pôde sentir suas pupilas se dilatando e contraindo em espasmos profundamente dolorosos. Quando treinava boxe levara alguns socos nos olhos. Isso por que passava agora era bem mais contundente.

— *Quando vier falar comigo, venha de olhos abertos, seu negro. O que quer agora?*

Não dava para pronunciar uma só palavra enquanto a dor aguda não passasse. Proferir qualquer som sob a ditadura da dor poderia causar efeitos indesejados, para melhor e para pior. Nesse caso, o mais recomendado a fazer era piscar e mover os olhos nas órbitas, aguardar o policial levantar definitivamente a cabeça do tampo da escrivaninha e falar-lhe olhos-nos-olhos.

— *Andou chorando, Quatro Meia Meia?*

Esse guarda não era dos piores. Não estivesse obedecendo ordens francamente inspiradas no nazismo, seria talvez apenas um sujeito bruto e amistoso, como outros com os quais trocara luvas em ringues amadores de sua juventude.

— *Sabe que a pedreira vai acabar nos deixando cegos, precisamos de óculos escuros para trabalhar direito.*

O chefe de turno a coçar o queixo com o lápis denunciava seu desamparo naquele momento. Embora não pudesse dar o braço a torcer ao prisioneiro emoldurado pelo retângulo branco da porta do pátio aberta, postado à sua frente como um monumento sombrio, empenhara seu prestígio para conseguir os malditos óculos de proteção. Acontece que o diretor da penitenciária, que concordara com sua solicitação, protelava a entrega das peças que, inclusive, já tinham sido adquiridas.

Dissera ao oficial comandante, diretor do estabelecimento prisional: "Preciso de óculos escuros para o pessoal da pedreira." O diretor o encarou com sarcasmo e respondeu: "Não estão aqui para quebrar pedras, estão aqui para sofrer".

Não era sensato contrariar o comandante, mas há momentos em que não há outro meio de evitar males maiores. Por isso, depois de matutar muito, sob a expressão esmagadora do diretor, arriscou o pescoço: "Desculpe, senhor, mas se eles ficarem cegos, o pior é para nós, não para eles". O diretor tamborilou na mesa com as pontas dos dedos, imitando o trote de cavalos, e, mudando de expressão, ergueu as sobrancelhas e concordou com o subordinado: "Não tinha pensado nisso. Fez bem em insistir".

Acontece que fazia mais de mês que essa conversa transcorrera, e não era nada agradável ser pilhado pelos prisioneiros em sua bravata. Quatro Meia Meia fechara novamente os olhos.

— *Já disse para conversar comigo de olhos abertos. Aproveita que está de pé e fecha essa porta a suas costas, que essa luz dos infernos está me incomodando.*

Quatrocentos e sessenta e seis deu meia-volta, olhos fechados, avançou dois passos e encostou com delicadeza a porta. Retornou para onde estava, os olhos ainda fechados. Então, abriu-os e fitou o chefe. Era evidente que ele não tinha a menor autoridade para fornecer os óculos, mas também estava implícito que ele não se opunha a isso. Era preciso dar-lhe uma chance para que saísse da situação constrangedora em que se pusera ao assumir junto aos presos uma prerrogativa além de sua patente. Mas como fazê-lo sem abrir mão da reivindicação e sem expor sua fragilidade naquele momento?

— Senhor.

— *Diga o que tem a dizer e saia, senhor Mandela.*

— *Eu e alguns de meus companheiros cumprimos prisão perpétua, os demais têm penas muito longas, então podemos esperar. Mas não nos deixe ficar cegos, pois isso excederia à pena a que fomos condenados. Trata-se de uma questão de humanidade.*

O prisioneiro acabara de proporcionar-lhe uma saída honrosa por meio de um jogo sutil de palavras diplomáticas e, ao mesmo tempo, reivindicativas. Era necessário corresponder à cortesia, sem abrir mão da autoridade.

— *Na verdade, Quatro Meia Meia, estava esperando vocês merecerem. Devo dizer, para ser justo, que têm merecido. Mereçam mais um pouco e os forneço em breve. Aliás, eles já se encontram no depósito. Agora, volte ao seu trabalho.*

Quatro Meia Meia agradeceu o policial com um movimento amistoso de cabeça e dirigiu-se à porta. Abriu-a, atravessou o batente para o oceano de luz impávida e voltou-se para o chefe de turno:

— *Devo fechá-la?*

— *Feche, feche. Aquele animal do carcereiro saiu e esqueceu o rabo passando. Faça o favor.*

— *Senhor...*

— *Sim?*

— *Há pouco me chamou pelo nome. Não disse que ia ensiná-los a me chamar, a nos chamar a todos pelos nossos nomes?*

— *Foi uma distração, Quatro Meia Meia. Não ocorrerá novamente. Agora se retire imediatamente, ou ficará sem nome e sem óculos.*

Diabos, o chefe de turno ia ter de insistir novamente com o diretor do presídio. Será que o animal se esqueceu? Bem, o surto de conjuntivite era um bom argumento para convencê-lo a entregar as peças. Afinal, numa dessas visitas ao oculista, um desses condenados acabaria armando uma fuga e seria uma desmoralização para todos. Entretanto nem de longe poderia vazar ao diretor que Quatro Meia Meia representava os demais detentos. O regulamento da ilha de Robben era claro: nada de associações, representações coletivas, reivindicações de grupo, lideranças, nada. Se bem que certas leis e regulamentos já nascem mortos, porque a tendência do ser humano é se juntar para resolver seus problemas.

— Quer saber de uma coisa, vou entregar esses óculos para eles semana que vem, depois falo com o diretor. Afinal, se ele mandou comprar, era para entregar. E entregar é comigo, está na minha alçada.

* * *

— Senhor chefe.
— O que é dessa vez, senhor Quatro Meia Meia? Já não ganharam o que queriam?
— Queira desculpar, mas esses óculos não servem para nada. Eles enganam as vistas, mas não as protegem, e o resultado é que todos estão com os olhos piores do que antes. A conjuntivite está comendo solta. Queríamos autorização para nossas famílias comprarem óculos adequados para nós.
— Deixe-me ver. É, são imprestáveis mesmo. Faça o seguinte. Fiquem com eles enquanto penso um pouco no assunto.

Quatro Meia Meia saiu da penumbra da sala para o inferno de luz branca, certo de que, embora a reivindicação não deixasse de ser uma ousadia, não era descabida. E a vacilação do chefe de turno denunciava que havia espaço para negociação. De todo modo, se não conseguissem os óculos, acabariam cegos. A lembrança de que a ilha de Robben, bem no extremo sul da África, antes de acomodar o presídio de segurança máxima era destinada ao confinamento de leprosos, surgiu na memória do preso.

— Já é um progresso – disse Quatro Meia Meia.
— Como assim? – perguntou o chefe.
— Sim, um progresso, antes vocês confinavam aqui os leprosos, agora confinarão os cegos.

O policial certamente não entendeu a ironia, e a coisa

ficou por isso mesmo. Depois de muito tempo, e muito sacrifício das vistas, os óculos adequados, comprados pelos próprios presos, chegaram-lhes às mãos e aos olhos. No dia de entregar os de Quatro Meia Meia, o policial fez questão de fazê-lo pessoalmente.

— *Demorou, não é mesmo, senhor Quatro Meia Meia?*
— *Mais do que o justo.*
— *Sem a sua ironia, teria demorado muito, muito menos.*

Quatro Meia Meia recebeu as lentes protetoras e, acariciando-as, pensou nas lições que poderia tirar desse episódio. Levando-se em conta sua sentença de condenação, era um jovem, tinha muito a aprender ainda sobre tudo, sobre todos, inclusive sobre si próprio. Disse isso ao chefe de turno, sem imprimir às palavras a mais leve sombra de ironia.

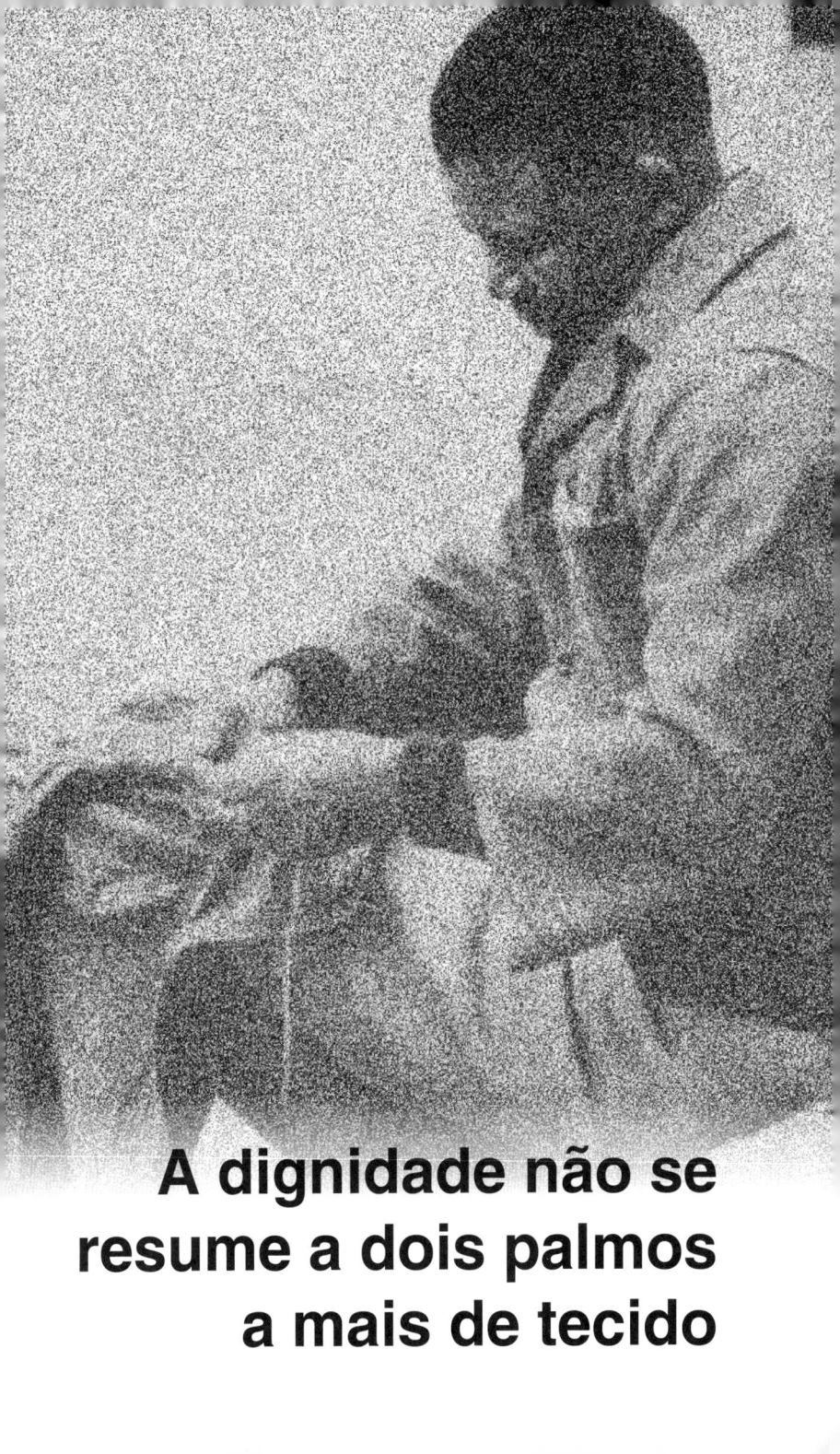

A dignidade não se resume a dois palmos a mais de tecido

4

Não se devem subestimar as pequenas lutas, nunca, jamais. As grandes vitórias são feitas de muitas pequenas batalhas que precisam ser vencidas a todo custo, afinal, não se acumula forças para mudanças essenciais com milhares de pequenos tropeços. Essa é a questão, vocês compreendem? Não se trata, assim, de arranjar confusão com os carcereiros, nem com o chefe de turno, nem com o chefe da guarda, nem com o chefe da prisão, nem com os chefes do apartheid, mas de acumular forças para grandes transformações futuras.

Antes de ser preso, rodei pela África[4] e fui parar até em Londres com que propósito? Apenas para montar uma rede de apoio à nossa luta? Apenas para conseguirmos armas para nos defender? Apenas para participar de treinamentos de guerrilha e aprender técnicas militares? Nada disso teria o menor valor se não fizesse parte de

---

4 MK

Em 1962, no comando do MK, sigla de *Umkhonto we Sizwe* (Lança da Nação), nome criado pelo próprio Nelson Mandela para designar o braço armado do Congresso Nacional Africano, ele, na clandestinidade, deixa a África do Sul para reunir apoio à causa antiapartheid em países do continente africano e além, chegando até Londres, onde adquiriu livros sobre movimentos de libertação pelo mundo.

Nessa viagem arriscada, esteve nos seguintes países (em ordem alfabética): Bechuanaland, Egito, Gana, Guiné (Conacri), Inglaterra, Libéria, Líbia, Mali, Marrocos, Nigéria, Senegal, Serra Leoa, Sudão, Tanganica (hoje parte da Tanzânia) e Tunísia.

Ao retornar clandestinamente à África do Sul, foi preso e condenado a cinco anos de reclusão. Durante esse período de prisão, a fazenda na região de Rivônia, utilizada pelo CNA para reunir o alto comando do MK, foi descoberta pela polícia e todos os líderes que lá se encontravam foram presos e acusados de alta traição. Mandela foi arrolado no processo e com os demais líderes foi sentenciado à prisão perpétua. Esse processo ficou conhecido como Julgamento de Rivônia, ou Processo de Rivônia.

uma estratégia para acumular forças, de modo a desequilibrar a balança para o nosso lado, o lado dos que sofrem privações e humilhações diárias, dos que adoecem sem um atendimento médico adequado, dos que moram em condições precárias, dos que trabalham demais, ganham de menos e vivem sob o fantasma do desemprego. Essa é que é a questão, compreendem?

Eu mesmo, quando iniciei minha vida em Johannesburg, fui confrontado com minhas belas ilusões. O silêncio de minha aldeia sempre fora para mim um abraço quente de mãe, com noites cheias de estrelas e um forte sentimento de pertencimento. Porém, quando fui morar em Alexandra, apesar de um ou outro prédio bonito, não podia fazer vistas grossas para o fato de que se tratava de uma favela com esgoto correndo por sobre as ruas de terra e se empoçando no meio delas. Nem era possível fazer ouvidos moucos para o silêncio dali, que era de medo, cortado a canivete e a estampidos de revólveres, das gangues de criminosos ou da polícia racista.

Sei que muitos de vocês não tiveram acesso à escola, por isso não sabem ler nem escrever. Outros frequentaram uma escola tão ruim que mal sabem extrair das palavras escritas seus significados mais básicos. Porém, minha gente, vamos nos esforçar. Não fomos jogados aqui por nossa vontade, mas uma vez que estamos juntos, e por muito tempo, vamos lutar. Nosso tempo livre aqui, que é tão pouco, não pode ser desperdiçado com brigas entre nós por razões mesquinhas, deve ser empregado em pequenas lutas, pequenas vitórias que um dia se somarão a outras espalhadas por toda a nossa querida África do Sul para resultar em uma grande vitória, que não sabemos ainda como será, nem quando será, mas que será.

Os que aqui sabem ler e escrever, levantem a mão. Muito bem, somos poucos, mas também não tive muitos professores até chegar à universidade. Além de aulas de línguas, história e geografia, discutiremos ciências sociais, filosofia, matemática e ciências naturais, tais como biologia, química e mesmo física. Àqueles que enfrentarão novos julgamentos, eu instruirei sobre aspectos jurídicos. Ninguém aqui há de jogar sua vida fora, que é o que desejam aqueles que pretendem nos destruir para destruir nossa luta, cujo objetivo final não é uma nação multirracial, mas uma nação não racial, em que o princípio "um homem, um voto" oriente todas as ações coletivas.

Além de estudarmos com afinco para aprofundar nossos conhecimentos sobre a vida e sobre nós mesmos, precisamos travar algumas lutas possíveis de serem vencidas aqui de dentro da prisão mesmo. Uma delas é a da organização. Como há muitos grupos, vindos de todas as partes do país, há muita divisão entre nós. Vamos estabelecer formas de discutir nossas diferenças, de maneira a superar essas divisões, com o objetivo de conquistar a democracia que almejamos. Os guardas já não se opõem a que realizemos debates entre nós. Aliás, realizamos uns em que alguns deles mesmos tomaram parte, e em que revelaram desconhecimento sobre nosso país tanto quanto muitos de nós, e por essa razão essas discussões significarão aprendizado para nós e para eles.

Concordo quando dizem que nós somos os prisioneiros e eles os encarregados de que nos mantenhamos nessa condição. Mas pensem que, enquanto estivermos aqui presos, eles também estarão, com a única diferença de que em alguns momentos podem deixar a ilha de Robben para visitar suas famílias, embebedarem-se, assistir a uma partida de futebol para depois obrigatoriamente voltarem para essas paredes ferventes ao desespero no verão e gélidas ao extremo no inverno, para essas paredes varridas pelo vento implacável e para essas águas salgadas infestadas de tubarões. Amigos, eles são prisioneiros de seu apartheid tanto quanto nós, e quando nos libertarmos, os libertaremos também.

Dizia das pequenas lutas e citei há pouco uma delas, a da organização entre nós para nos tornarmos mais unidos. Muitos de nós têm penas longas, outros, não tão longas. Se aprenderem bastante aqui, quando saírem, poderão levar às nossas organizações nossa mensagem de união e o saber acumulado, que será muito útil para que a luta avance fora e dentro da prisão, mas principalmente fora.

Uma outra luta, pequena, foi vencida: conquistamos óculos escuros. É lógico que quando se estragarem ficaremos sem eles, nossos olhos irão se lesionar e teremos que empreender novamente a mesma luta. Porém, que fazer? Desistir? Que seria se o sol desistisse de se levantar todos os dias? Que seria dos filhos se pais e mães desistissem deles em face do desemprego, das injustiças, das humilhações milhares a que todos os dias o homem negro e a mulher negra são submetidos em nossos país? Não, não desistiremos de infernizá-los por nossos óculos, que representam para nós nossa saúde. Fomos condenados às penas proferidas pelo juiz quando de nossas sentenças. Em nenhuma estava a de cegueira, portanto, quando lutamos por simples lentes de proteção, estamos ajudando-os a cumprirem suas próprias determinações.

Muitas lutas podem ser listadas para que melhoremos nossas condições aqui, mas não pensem que nosso isolamento nesta ilha é total. Tudo no mundo está conectado ou pode ser conectado. A pior coisa que pode acontecer a um diretor de prisão é uma carta com denúncias vazar para a imprensa internacional, de maneira que certas concessões eles precisam fazer, sob pena de o que ocorre aqui dentro assumir maior peso do que certos fatos que ocorrem fora da prisão de Robben. Eles sabem disso, e sabem que nós sabemos, e, por mais que censurem nossas correspondências, não se inventou ainda um sistema invulnerável, até porque grande parte do mundo gostaria de saber o que se passa nesta ilha e atrás destas paredes.

Lembram-se de que em nosso julgamento, que a imprensa chamou de Processo de Rivônia, queriam nos enjaular em plena sala do tribunal? Lembram-se de que lutamos e conseguirmos ser julgados como seres humanos, embora o processo em si fosse uma farsa destinada, antes mesmo dos debates, a levar-nos à forca ou à prisão perpétua? Pois bem, não sermos enjaulados diante de todos foi uma pequena batalha, mas uma grande vitória. Com certeza contribuiu para uma vitória ainda maior: a de não sermos pendurados na forca. Vivos, podemos lutar, e é o que proponho: lutemos. Se nos tratam bem, britamos as pedras de cal com capricho e em tempo adequado. Se nos tratam mal, fazemos greve: reduzimos a velocidade de nosso trabalho. Isso, por enquanto, é em hipótese, mas precisamos estar preparados para quando nossa linha de produção de pepitas de cal sofrer com nosso movimento paredista.

Agora quero propor a intensificação de uma luta concreta, há tempos iniciada, que parece tão arriscada quanto a luta por nossas lentes de proteção, muitas das quais já estão imprestáveis e só serão substituídas com muita pressão, se é que serão. Trata-se de sermos tratados como homens, não como meninos. Tratamos nossos carcereiros com respeito. Chamá-los de *senhor* não é atestado de submissão, mas educação. Sendo eles homens adultos e responsáveis por sua profissão, mesmo que no caso deles essa profissão implique evitar que tentemos fuga, tratá-los com essa deferência significa supor reciprocidade. Por isso, se alguém entre nós for chamado de garoto, não deverá atender. Muitos carcereiros e guardas aqui são jovens e, no entanto, não se envergonham de chamar um homem negro de cabelos brancos de garoto. É preciso que passem a se sentir constrangidos, é preciso que passem a respeitar-nos enquanto indivíduos, enquanto homens, enquanto cidadãos que estão privados de sua liberdade, mas não de sua condição humana e de sua dignidade.

A dignidade não se resume a dois palmos a mais de tecido

Parte dessa nossa luta para sermos reconhecidos como pessoas dignas de respeito é nosso uniforme. Não somos meninos. Quando éramos, gostávamos de ser, contudo o tempo e a natureza nos fizeram crescer, e não foi por culpa nossa que passamos a nos vestir com roupas ocidentais. Quando adultos, para entrar nas igrejas, nas repartições públicas, nas minas de ouro e diamante nos ensinaram e mesmo obrigaram a vestir calças compridas. Para muitos de nós, foi um choque ter de largar as roupas tradicionais de peles de animais para vestir ternos de risca de giz, ainda que velhos e remendados. Porém, assim tivemos de proceder. Agora querem que vistamos eternamente calções de meninos, faça calor ou frio, chova ou faça sol.

Precisamos dizer a eles que não somos meninos, mas homens, e que homens, mesmo quando cumprem penas, devem ser tratados como tal. Cada um recebeu aqui sua pena e, com certeza, entre elas não estava a de vestir calções de meninos. Logo, vamos ajudar o sistema prisional a cumprir a sentença proferida pelo tribunal. Quanto demorará até que calças compridas nos sejam fornecidas? Não saberia dizer. Sei que se eles não nos quisessem humilhar, já as teriam fornecido. Não escolhemos o campo de luta nem as próprias lutas, estas sempre são estabelecidas por quem tem o poder. Quando o regime, até 1948, ainda que com restrições brutais, facultava a participação política do povo e alguma brecha para as estratégias puramente pacíficas, o Congresso Nacional Africano (CNA)[5] empregou todas as formas de luta pacífica. Mas quando os africanos foram privados do voto e os massacres e deportações forçadas se iniciaram, e quando o fuzil foi apontado para cada cidadão negro deste grande país, então não houve outra alternativa a não ser a resistência armada.

Nesta prisão, privaram-nos de nossas calças, o que significa que o opressor estabeleceu a luta. Podemos nos acomodar com essa humilhação ou podemos lutar por nossas calças. Porém, não pensem que se trata de empregar energias e inteligência individuais e coletivas apenas por um pedaço a mais de tecido que faça nossas canelas ficarem protegidas do sol no verão e do vento gelado no inverno: trata-se de impor uma barreira na selvageria de um regime que separa a humanidade pela quantidade de melanina que cada um traz em sua pele. Portanto, uma pequena vitória como essa é capital. Mesmo que tenhamos de apanhar, como já apanhamos tantas vezes, mesmo que tenhamos que cumprir isolamento, o que não se cansam de nos impor, mesmo que suspendam nossas visitas, o que aliás fazem com frequência, defendo que lutemos por nossas calças, mesmo que, para mascarar sua derrota, nos deem as calças e nos tirem os óculos de proteção. Estamos todos a favor? Muito bem. E quando nos derem nossas calças terão sido ajudados por nós a reconhecerem o quão desumanas têm sido suas práticas, suas leis e seu regime de segregação racial. Um dia aprenderão a lição por inteiro, não perco a fé nisso um só segundo de minha existência, e estou disposto, até a última fibra de meu ser, a viver para ver esse dia chegar.

> **5** **Congresso Nacional Africano**
>
> Fundado em 1912 sob o princípio da não violência e da igualdade, com o recrudescimento do apartheid o Congresso Nacional Africano (CNA) adotou a resistência armada, somente abandonada após o acordo que pôs fim ao regime do apartheid e a realização da primeira eleição livre na África do Sul, que tornou Nelson Mandela presidente.

Uma tela de cinema clandestina

5

O sol gelado do inverno é enganador, tem luz, mas não aquece. O corpo dolorido pelo resfriado intensifica a sensação de frio, e a dor de cabeça torna a claridade branca que entra pela claraboia uma ofensa ainda maior para os olhos. O que fazer nesta terça-feira perdida no tempo, a não ser encolher-se no cobertor e, na esteira de sisal estendida sobre o chão da cela de 1,80 m de comprimento por 1,20 m de largura, olhar para o teto em busca de lembranças?

A primeira visita de Winnie foi depois de seis meses, seis longos meses em que o corpo e o espírito iniciaram sua acomodação à condição de encarceramento. É de se imaginar ela estivesse linda, embora o grosso vidro blindado e deformante do compartimento de visitas não permitisse que seus olhos espertos e sua pele acamurçada se revelassem em toda a beleza.

Não é fácil nessas ocasiões conter a ansiedade e evitar na expressão do rosto a tristeza, porém é necessário que um momento tão raro de afeição não se converta em angústia. É preciso sorver cada milímetro do rosto e cada nuança da voz, ainda que o primeiro esteja torcido pelo vidro escolhido a dedo para aumentar a tortura dos prisioneiros, e a segunda esteja embargada pela emoção e entrecortada pelo sistema de som fortemente censurado.

Quanto tempo terá durado esse rápido primeiro encontro? As normas da prisão dizem sessenta minutos, entretanto, ainda que a ansiedade acelere os ponteiros do relógio emocional descontrolado que cada prisioneiro tem dentro de si nessas ocasiões, com certeza ao menos quinze minutos foram roubados, como parte da estratégia de destruição dos prisioneiros políticos – sim, porque se sabe que mesmo os piores criminosos comuns têm em Robben mais regalias do que os sentenciados por lutar contra o apartheid.

Por quanto tempo rememorou, dias a fio, noites a fio, meses a fio cada detalhe, cada palavra, cada expressão, cada piscar de olhos dessa primeira entrevista? Um tempo interminável. Bem, interminável é exagero, pois esse lapso de ausência imposta como tortura foi de dois anos. Oh, meu Deus, dois intermináveis anos sem ver um rosto da família, sem ver Winnie, só a receber umas poucas cartas censuradas, tão mutiladas que apenas portavam exíguas palavras sem nexo, subscritas por uma assinatura colada. Quando forem quinze os anos de prisão, quantas vezes terá visto sua doce Winnie? Quatro.

Um pensamento como este, agora, nesta manhã glacial de resfriado, seria, contudo, pura premonição, ou uma concessão generosa demais à imaginação. Depois de passar a limpo, detalhe a detalhe, a segunda visita da esposa, projetando com os olhos no teto da cela as imagens deformadas pelo vidro do locutório, ouviu o ruído de um automóvel. A imagem de Winnie se desfez e, no teto branco, um Ford V8 ultrapassou seu carro e ordenou que encostasse. Se a direção do presídio soubesse que o teto da cela desse prisioneiro fazia as vezes de uma tela de cinema, ordenaria pintá-la de preto.

Na época de sua prisão, Quatro Meia Meia estava com ótimo preparo físico, não seria fácil prendê-lo. Ter jogado tanto tempo boxe e futebol na faculdade, e ter realizado treinamento militar quando da viagem ao exterior conferiram agilidade a seu porte físico avantajado. Acontece que o local de abordagem dos agentes de segurança foi muito, muito bem escolhido por eles. Com um V8 à frente impedindo a fuga, e outro carro atrás impedindo o retorno, não houve alternativa.

Poderia ter aberto a porta e fugido em desabalada correria, porém, isso também fora calculado pelos agentes, pois o futuro Quatro Meia Meia estava do lado esquerdo, e seu carro fora obrigado a parar exatamente desse lado da rua, encostado a um barraco de paredes muito altas.

Do Ford V8 da frente saiu um sujeito alto, magro, de credenciais na mão. "Sou o sargento Voster, pode me informar seu nome?". Não poderia ser mais cortês e correto na abordagem. "Me chamo David Motsamayi, sou atacadista de produtos importados". "Não, não se chama. Se chama Nelson Mandela, e esse aí no volante é Cecil Williams. Estão presos, sigam-me. Um dos agentes vai com vocês, no banco de trás".

Não foi fácil esconder o revólver no espaço entre os dois bancos dianteiros, com um policial no banco de trás olhando cada movimento, de todo modo, isso também não se revelou decisivo, pois toda a direção do MK, o órgão do CNA encarregado de preparar a luta armada, estava presa, e toda a documentação que seria usada no processo fora apreendida pela polícia – e isso era mais prova do que uma simples arma de fogo velha. Os camaradas garantiram que nunca nenhum desses documentos cairia nas mãos da repressão. No entanto, caíram todos, bem rápido, e de uma só vez.

Enquanto seguiam o Ford V8 do sargento Voster, era possível saltar do carro em movimento e tentar uma fuga espetacular, aproveitando o curso de um rio à margem da estrada. Porém, nesse caso, ser morto era uma hipótese muito provável – e talvez fosse tudo o que os agentes de segurança desejassem.

A rigor, foi tudo muito rápido, quase um tumulto. Da prisão à condenação, a vida foi tragada por um sugadouro. A verdade é que a própria detenção de uma quantidade tão grande de lutadores pela liberdade indicava um recrudescimento vertiginoso do regime. Os processos nada mais eram do que formas mascaradas de legitimar ações ilegítimas do Estado. Pela natureza das acusações, o veredito estava decidido quando foi expedida a ordem de prisão. Sob esse ponto de vista, aquele Ford V8 era já a mão do carrasco sobre os militantes do MK e do CNA.

Juntos durante todo o julgamento, os militantes, atentos para o desempenho do promotor, da defesa e do juiz, divisaram o fim da linha com nitidez. Era preciso manter a dignidade, inclusive na pior hora. Se iam desaparecer, então que fosse numa nuvem de glória, lutando até o fim. Naturalmente que cada qual em sua cela, conjeturando sobre o fim próximo da existência, sentia o peso atroz das escolhas realizadas ao longo da vida, contudo, coletivamente tinham tomado a decisão de não ceder, de não pedir clemência nem abjurar aos princípios pelos quais tinham lutado em troca de uma sentença menos cruel, que talvez os mantivesse vivos para si, mas mortos para os ideais de liberdade de todo um povo.

Daí o discurso ao final do processo, sob a expectativa da sentença de morte:

Durante toda a minha vida me dediquei à luta do povo africano. Lutei contra a dominação dos brancos e lutei contra a dominação dos negros. Defendi o ideal de uma sociedade livre e democrática em que todas as pessoas vivam juntas em harmonia, com oportunidades iguais. Existo para esse ideal, que espero viver para alcançar. E se for necessário, estou preparado para morrer por esse ideal.

Essas deveriam ser suas últimas palavras, mas não foram, porque o juiz, um tanto constrangido, sentenciou:

No caso que vamos julgar, a pena adequada ao crime imputado é a pena capital (e nesse momento sua voz praticamente sumiu)... *consciente de meu dever, decidi não os condenar à pena capital. Para todos os acusados, a sentença será de prisão perpétua.*

Perpétua, perpétua, perpétua. Esse foi o eco no plenário do tribunal, e é agora na cela 466 da ilha de Robben, em que o prisioneiro do mesmo número fita o teto em meio às dores musculares e de cabeça, provocadas pelo forte resfriado.

* * *

— *Acontece que não está tão frio assim, senhor Nelson. É efeito do resfriado, com certeza.*

— *Trouxe os comprimidos da enfermaria?*

— *Estão aqui. Se quiser, pode ficar em sua cela hoje. Se piorar, pode trazer confusão, pois o diretor detesta ter que levar prisioneiros para o hospital. Sabe como é...*

— *Risco de fuga?*

— *Isso mesmo, seu Nelson.*

— *Enquanto for seu turno, jovem, não precisa temer minha fuga.*

— *Como assim, seu Nelson?*

— *É simples: você não merece.*

— *Não me venha com essa, seu Nelson. Se houver uma chance, qualquer um foge. Até eu, nessas condições, fugiria.*

— *É uma questão moral, filho. Há poucas pessoas verdadeiramente humanas trabalhando atrás desses fuzis, você é uma delas. Por que arranjaria problemas justamente para quem não merece? É simples e claro como esta luz que nos destrói todos os dias na pedreira. Mas quero trabalhar hoje. Ficar parado com resfriado só piora as dores e os sintomas. É preciso fazer o sangue circular com esse remédio. Amanhã já estou bom, vai ver.*

— *O senhor é quem sabe. Então, em frente, que a picareta nos espera. Ou melhor, espera o senhor. Quando sair para o pátio, espere um pouco, pois parece que um amigo seu quer dar dois dedos de prosa com o senhor.*

— *Sem problemas. Avise-me quando for para dispersar.*

— *Fique de olho em meu fuzil. Quando agitá-lo, é hora de separar e ir para a pedreira.*

* * *

— *Tem certeza do que está falando?*

— *Absoluta. Não há nenhuma chance de a informação estar incorreta. Foi assassinado com golpes de facão de açougueiro.*

— *Quem é o assassino?*

— *Um mensageiro do Parlamento, quem desconfiaria?*

— *Um mensageiro? Não foi um atentado?*

— *Estranho, não? Chama-se Demitrios Tsafendas, descendente de gregos e moçambicanos. Sacou o facão e mandou para o inferno o primeiro-ministro Hendrik Verwoerd,[6] o próprio inventor do apartheid, com vários golpes fatais.*

— *Se os guardas descobrirem que soubemos da notícia antes deles, estamos perdidos.*

— *A esta altura, todos devem estar sabendo, pois as rádios não falam de outra coisa.*

— *Mesmo assim é preciso discrição neste momento, pois a tendência é que haja reações ferozes das forças de segurança e, aqui, somos um elo fraco e totalmente indefeso.*

— *Melhorou de seu resfriado?*

— Com essa notícia, preciso esperar um pouco para saber se melhorei ou piorei. Vamos dispersar, o guarda não para de agitar seu fuzil e não é bom abusar da boa vontade de quem anda armado.

> **6 Hendrik Verwoerd**
>
> Hendrik Verwoerd em 1934 é um dos estudantes convidados por Gustav von Durcheim, chefe da delegação do Terceiro Reich em missão diplomática na África do Sul, para desfrutar de bolsas de estudo em universidades alemãs sob a égide do nazismo. Filho de um pastor holandês emigrado, membro da *Broederbond*, aos 27 anos de idade e doutor em psicologia, Verwoerd encontra no regime nazista e em Hitler as referências ideológicas e políticas que buscava para suas ideias de supremacia racial branca. Em seu retorno à África do Sul, torna-se o principal formulador da ideologia e dos projetos do apartheid. Com a ascensão do Partido Nacional ao poder, em 1948, torna-se o principal colaborador de Daniel François Malan, elevado, então, à posição de primeiro-ministro. Com o adoecimento do primeiro-ministro, sai da zona de sombra em que sempre estivera e assume o principal cargo da nação. O terror se intensifica: o Partido Comunista Sul-Africano e o CNA são proscritos, ondas de prisões, assassinatos, desaparecimentos e torturas tornam-se cotidianas e a política de deportação em massa assume proporções delirantes.

Meditação

6

Meditar ao menos meia-hora pela manhã, logo depois de acordar, permite que passemos a limpo muitas de nossas experiências. Empurrados pela vertigem dos dias, somos jogados de lá para cá, tangidos a realizar coisas irrefletidas e a viver sem maiores considerações acerca de nossos atos e palavras.

Se nos acomodamos a essa vertigem, desperdiçamos nossa capacidade de interferir conscientemente no curso dos acontecimentos e, principalmente, de tomar sob nosso domínio aquilo que com frequência nos escapa: o nosso próprio ser.

Não é possível que passemos um dia inteiro da vida sem ter cometido nenhum erro. Vinte e quatro horas é tempo demais para que não falhemos por ação ou por falta de ação. Por isso é mesmo estranho que se precise enfrentar a condenação de prisão perpétua para mensurar o real valor da meditação enquanto método de aperfeiçoamento da capacidade de discernir, analisar e ajuizar.

Com relação ao princípio da não violência, por exemplo, que orientou a fundação do Congresso Nacional Africano até a organização do MK,[7] até que ponto foi justo?

Há que se considerar que o princípio da não violência não significa conformismo ou submissão. Por esse caminho, Gandhi confrontou o Império Britânico e o venceu. Nesse

Meditação

> **7 Movimento Consciência Negra**
>
> Durante o período de luta prolongada contra o apartheid, guerrilheiros do MK receberam treinamento em países africanos simpáticos à causa do estabelecimento da democracia na África do Sul. No início da década de 1970, o CNA e o MK passam por um difícil período de defensiva, com muitos de seus principais líderes presos, exilados ou mortos. Sobre isso, diz Nelson Mandela: "Durante os dias severos do início de 1970, quando o CNA pareceu mergulhar nas sombras, tínhamos que nos esforçar para não nos entregarmos ao desespero" (MANDELA, 2012, p. 618).
>
> Com uma nova onda de ascensão dos movimentos de libertação nacional na África a partir de meados da década de 1970, em que se destacam as vitórias dos movimentos guerrilheiros de independência de Angola e Moçambique, tanto o CNA quanto o MK se fortalecem, simultaneamente ao surgimento de uma nova geração de jovens revolucionários sul-africanos, representados principalmente pelo movimento Consciência Negra (*Black Consciousness*), liderado por Steve Biko – assassinado barbaramente sob tortura policial em 11 de setembro de 1977 –, fortemente enraizado em Soweto, palco tradicional de resistência popular e antirracista. O movimento Consciência Negra tem forte repercussão em todo o país, muitos de seus jovens militantes são presos e, passando a cumprir pena junto com Nelson Mandela, ingressam no CNA na própria cadeia.

caso, o princípio estava relacionado a uma estratégia de luta bem definida, cujo objetivo final era a independência da Índia.

Ora, as condições da Índia eram bem diversas das da África do Sul. Aplicar esse princípio incondicionalmente à nossa luta foi correto? Melhor formulando a pergunta: mesmo após a instauração do apartheid, a estratégia da não violência continuou adequada?

Se tivéssemos mantido a estratégia puramente pacífica... Não, essa reflexão não é válida, pois mesmo as estratégias pacíficas passaram a ser reprimidas com total violência pelo regime. Se assim é, significa que não tínhamos saída.

Essa brutalidade desmesurada não constitui nenhuma surpresa, pois o campo de luta nunca é escolhido por quem está na resistência, mas sempre por quem detém privilégios e poder, e que jamais vai arriscá-los em um campo que lhe seja desfavorável – e o campo da paz e da justiça é extremamente desfavorável ao apartheid.

O que fazer em face do massacre de Sharpeville, quando uma manifestação pacífica para exigir a abolição dos humilhantes passes[8] terminou com 69 mortos?

Que fazer quando o próprio CNA é proscrito, quando populações inteiras passam a ser deportadas para verdadeiros campos de concentração no meio do nada, quando reuniões para quaisquer fins são proibidas, quando líderes são impedidos de falar para mais de uma pessoa de cada vez e de frequentar até mesmo suas próprias festas de aniversário?

Meditar *a posteriori* sempre importa no risco de que aspectos relacionados ao contexto, à história, sejam minimizados ou superestimados. Por isso é necessário um exame cuidadoso. Será que todas as estratégias de não violência estavam esgotadas? Bem, vejamos: as prisões imotivadas, inclusive de pessoas sem a menor participação política, não cessaram de crescer desde a vitória dos partidários do regime de segregação racial em 1948. Os processos forjados não pararam de atingir todo e qualquer indivíduo negro, seja por quaisquer motivos. A tortura, o "desaparecimento", o assassinato de líderes, as execuções amparadas pelas leis racistas, o desenvolvimento de pesquisas "científicas" pelo doutor Wouter Basson[9] para esterilizar mulheres negras e para aniquilar parte da população nativa...

Não, não há dúvida. Estar na ilha de Robben cumprindo prisão perpétua é consequência de uma decisão correta. Por mais que doa e que a família

---

8 Os "passes" africanos

Os "passes" eram uma espécie de carteira que a população negra da África do Sul era obrigada a apresentar a qualquer cidadão branco, autoridade ou não, policial ou não, sempre que solicitado. Nessa carteira deveriam constar desde informações pessoais até dados profissionais e relativos à vida civil. Qualquer razão era motivo para prisão: se não constassem dados do empregador, se alguma informação não estivesse atualizada, se o portador estivesse fora de seu domicílio sem autorização etc. Na prática, tinha a função de segregar a população negra e colocá-la em eterna posição de submissão. O CNA deflagrou uma campanha de boicote a esses passes, obviamente impostos apenas aos negros. Seus dirigentes realizaram manifestação de queima pública deles, como forma de protesto.

Meditação

> **9 — Wouter Basson**
>
> Wouter Basson era um médico cardiologista militar indicado pelos dirigentes do apartheid para dirigir o *Project Coast*, voltado para o desenvolvimento de armas químicas e biológicas de destruição em massa. No entanto, o processo movido contra Wouter Basson ao fim do regime de apartheid revelou ter esse Projeto objetivos internos inequívocos: inocular na população negra substâncias que as induzissem à morte sob a aparência de causa natural. Nesse processo Wouter Basson foi acusado de contaminar com tálio barris de cerveja, com bacilo de antrax pacotes de cigarros, e com pó de mandrax embalagens de água sanitária, todos eles produtos destinados a bairros de população negra. Esse projeto teve lugar no *Roodeplaat Research Laboratory* e, no auge do delírio racista, não se furtou a empregar cobaias humanas fornecidas pela polícia com o objetivo de esterilizar mulheres negras por meio de anticoncepcionais administrados a elas sem consentimento delas. (Cf. BURGER, FRANCE E MEREDITH).

sofra, não houve alternativa a não ser conclamar os africanos à resistência armada, infelizmente. Antes isso feito sob a direção do CNA do que na forma de explosões irracionais e sem objetivos justos.

— *Quatro Meia Meia, hora de levantar, seu negro folgado. A pedreira está a sua espera, garoto!*

Hoje é o turno daquele agente penitenciário racista e provocador, o melhor a fazer é evitar confrontação com quem a busca. Nesse caso, o não confronto já é uma derrota para ele.

— *Estou de pé, senhor.*

— *Assim é que se fala, garoto, assim é que se fala. Então saia e vá andando.*

— *Do jeito que me trata, vou ser jovem para sempre, senhor.*

— *Para sempre eu não sei, mas até morrer, com certeza, garoto, porque só vai sair daqui pelos fundos e num paletó de madeira.*

— *Às vezes não. Pode ser que um dia saia pela porta da frente com um paletó de risca de giz. Não posso imaginar?*

— *Só se a África do Sul virar do avesso, menino.*

— *Se ela tem um avesso, pode ser que um dia vire. Ui! Não precisa me cutucar, já estou indo, já estou indo.*

— *Então vai logo, garoto!*
— *Posso fazer uma pergunta? Não vá se ofender.*
— *Desembucha, negro folgado.*
— *Você não se envergonha de chamar um homem de muito mais idade que você de "garoto" e "menino"?*
— *Por que a pergunta?*
— *Só para saber. Não precisa cutucar, já estou indo.*

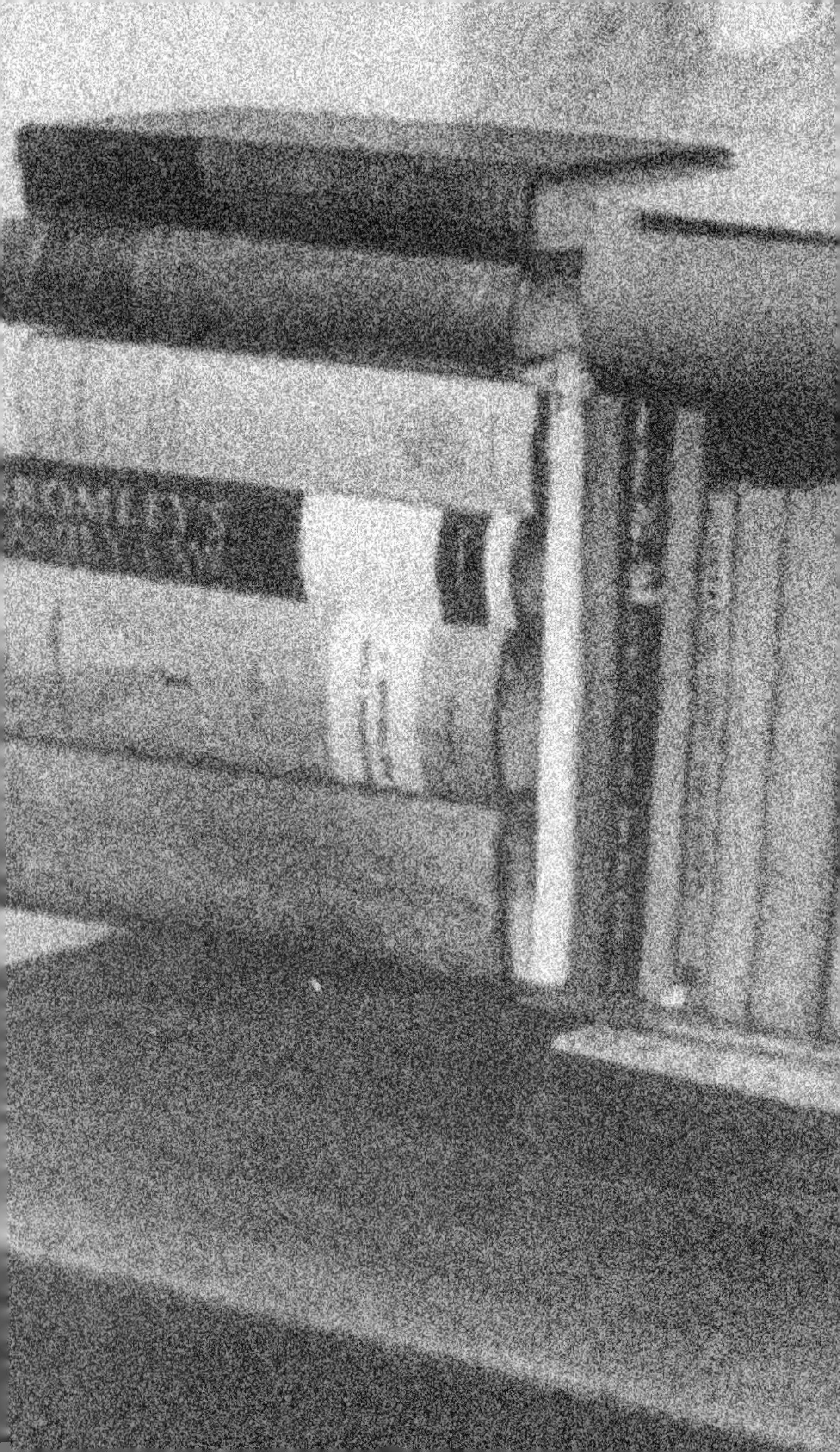

Universidade Mandela, uma aula

7

Aí é que vocês se enganam. Se continuarem a acreditar em uma hipotética superioridade negra em relação aos brancos, a história da África será eternamente um mar de sangue. Se continuarem a acreditar que a vitória de nossa causa significa atirar os brancos ao mar, estarão confundindo luta de libertação com vingança e ódio.

Vocês, digo, "nós" precisamos reconhecer que a roda da história não gira para trás e que os brancos que aqui estão, aqui permanecerão. O que faremos se vencermos e, afinal, a consigna de atirar brancos ao mar se revelar uma bravata inconsequente? Segregaremos os brancos, como eles hoje fazem conosco? Criaremos campos de concentração para atormentá-los até o fim dos tempos? Inventaremos passes para controlar cada passo deles por todo o país? Concordam que o nome disso é apartheid? É para inventar outro regime de segregação racial que estamos lutando? Por que estamos aqui presos, se não para pôr fim a todo tipo de exploração de um homem sobre outro?[10]

Aceitem, eu sei que é difícil, em face de tanto sofrimento, mas aceitem a ideia de que não somos nem melhores nem piores do que os brancos: somos iguais. E aceitem também a ideia de que a nossa vitória é o melhor que pode acontecer para eles, pois ela significará o

10 Universidade Mandela

Em razão de seu nome de clã, Mandela, do povo Xhosa, era frequentemente chamado de Madiba. Durante o longo tempo em que esteve preso na ilha de Robben, Madiba viveu períodos de distensão no interior do presídio. Quando as condições de controle sobre os presos se afrouxavam, ele liderava ações coletivas de educação entre os presos. Sendo advogado, dedicava-se com mais ênfase ao assessoramento de prisioneiros que necessitavam de orientações jurídicas. Porém, com seus companheiros do CNA, organizou frequentes sessões de discussão, estudo e reflexão. Com o passar do tempo, inclusive guardas da prisão passaram a tomar parte de discussões e debates sobre política, história, sociedade, entre outros temas.

Como a prisão recebia condenados de todas as regiões da África do Sul, era comum que membros de tribos rivais ou militantes de movimentos ou partidos com alguma animosidade entre si estivessem presos juntos. A direção da prisão procurava enfatizar as rivalidades, acentuando as particularidades de cada grupo, porém Madiba fazia o contrário: buscava pôr em foco os obstáculos que impediam a união de todos contra o apartheid.

---

banimento do racismo de que eles são escravos, não nós.

Ao fim de minha exposição, respondo a dúvidas e questionamentos, senão perco o fio do raciocínio.

Aqui, outro dia, conversei com um camarada que, sem querer, deixou escapar certo preconceito para com os indianos. Não o culpo, e considero inclusive que se tratou de um deslize de linguagem. Porém, até na linguagem precisamos impor derrotas significativas ao racismo, fonte de nossos principais tormentos. O fato de ocuparmos o chão da África há mais tempo de que outros seres humanos não nos dá o direito de desprezar quem veio depois, ainda mais quando se trata de gente oprimida tanto quanto nós.

No caso dos indianos, digo que talvez o impulso decisivo para eu me tornar um guerreiro da liberdade tenha vindo deles. É lógico que é difícil para mim dizer exatamente em que momento tomei consciência da necessidade de libertação de todo o nosso povo, não apenas de parte dele, o que seria simplesmente impossível. Porém, com certeza, a luta dos indianos foi uma inspiração em um momento decisivo. Preciso lembrar de que a fundação do Congresso Nacional Africano inspirou-se em grande medida nas lições de Mahatma Gandhi?

Porque o citei, acham que me refiro à marcha de indianos liderada por Gandhi, que em 1913 atravessou ilegalmente em protesto a África do Sul, da província de Natal até o Transvaal. Sim, amigos, aquilo é História, com "H" maiúsculo, porém, nessa época eu nem havia nascido. O que empurrou este caipira, que veio do interior e que no início de vida na metrópole mal conseguia andar de botas e comer à mesa com talheres, foi outro episódio. Refiro-me a um momento que vivi, de resistência gloriosa dos indianos e seus descendentes sobre este chão tão sofrido.

Era o ano de 1946, e o governo – vejam só, ainda não era o do apartheid, que só se escancararia em 1948 –, para esmagar por um lado e dividir por outro, pôs em vigor a Lei de Ocupação de Terras por Asiáticos, ou seja, os indianos. Em termos simples, o que o governo fez foi criar um mecanismo legal para tomar as terras dos indianos, limitar seu direito de ir e vir, de comerciar e de comprar propriedades. Em troca, o governo ofereceu às lideranças indianas uma representação no parlamento. Naturalmente, essa representação não teria função nenhuma, a não ser sacramentar uma indignidade e desmoralizar as lideranças junto a seu povo.

> Muitos militantes de diversos movimentos, partidos e tribos, após cumprirem suas penas, saíram da prisão de Robben melhor preparados para a luta do que quando nela entraram, e mais capacitados para, fora da prisão, buscar a união de todos os movimentos de resistência, tão necessária à superação do regime totalitário e à instauração da democracia.

> **11 Liga da juventude do CNA**
>
> O próprio Nelson Mandela, em sua autobiografia *Longa caminhada até a liberdade*, explica a organização da Liga da Juventude do CNA:
> "A formação de fato da Liga da Juventude tomou lugar no domingo de Páscoa de 1944, no Centro Social Bantu para Homens, na Rua Eloff. Havia cerca de cem homens lá, alguns vindos até de Pretória. [...] A política básica da Liga não diferia muito da primeira constituição do CNA de 1912. Mas estávamos reafirmando e enfatizando aquelas preocupações originais, muitas das quais foram deixadas de lado. O nacionalismo africano era nosso grito de batalha, e o nosso credo era a criação de uma única nação a partir de nossas muitas tribos, a derrubada da supremacia dos homens brancos, e o estabelecimento de uma forma verdadeiramente democrática de governo. Nosso manifesto declarava: 'Acreditamos que a libertação nacional dos negros será atingida pelos próprios negros... A Liga da Juventude do Congresso deve ser o cérebro e o motor do espírito do nacionalismo africano'." (MANDELA, 2012, p. 123).

O que fez o Congresso Indiano do Transvaal, na figura de seu presidente, o doutor Dadoo? Classificou publicamente a medida de espúria e acusou o governo de instaurar guetos, num momento em que a humanidade acabara de varrer da história o nazismo e suas atrocidades, nas quais os guetos tinham destaque.

Durante dois anos a comunidade indiana empreendeu uma luta firme, organizada, pacífica, mas não conformada, contra o regime. Quem está preso aqui se lembra da organização, do caráter popular, de massa, generalizado. Nesse período, não menos de 2 mil militantes da causa foram parar na cadeia, entre eles o próprio doutor Dadoo. O doutor Xuma, presidente do nosso CNA, frequentemente discursou em favor dessa luta. A nossa Liga da Juventude,[11] por sua vez, não se fez de desentendida, prestando apoio irrestrito, embora a luta tivesse se restringido às questões específicas dos indianos. Se eu antes havia questionado a vontade da comunidade indiana de protestar contra a opressão, depois disso eu já não podia mais fazê-lo. A campanha dos indianos tornou-se um modelo para o tipo de protesto que nós, na Liga da Juventude, estávamos querendo fazer.

Observem, então, que estou dizendo ser necessário não apenas as tribos africanas superarem suas diferenças para derrotar a política de supremacia branca, mas que é absolutamente necessário contar com indianos, mestiços e também com brancos não racistas, pois eles existem aqui na África do Sul e alguns pagam caro sua opção. Eu mesmo, preciso admitir, era contrário à participação dos comunistas no CNA. Inclusive, militando na Liga da Juventude, andei participando de ações que atrapalhavam a luta deles que, ao final das contas, era também a nossa. Invadi reuniões, causei tumulto e rasguei cartazes deles por considerar que o marxismo era uma ideologia alheia à África e que os comunistas poderiam querer dominar o CNA.

O manifesto de fundação da Liga da Juventude, em 1944, não deixava dúvidas quanto a isso. Diz o documento: "... rejeitamos a importação no atacado de ideologias estrangeiras para a África". Lembede, que se tornaria o líder da Juventude, considerava que o Partido Comunista era dominado pelos brancos, daí a rejeitar sua contribuição era uma consequência direta, da qual eu participava.

Digo a vocês que não fiz a coisa certa, pois se os comunistas lutavam contra o regime de segregação, por que, então, não contar com eles? Por que não contar com os indianos? Por que não contar com os mestiços? Por que não contar com os brancos não racistas? Fui compreendendo, ao longo dos anos, que nossa luta só teria sucesso se todos que tivessem razões para desejar o fim da ditadura se unissem com esse propósito. Tenho meditado muito sobre esse assunto, não sou dono da verdade, mas creio que esta posição amadureceu em minha consciência.

Nossa luta é como uma canção compartilhada, em que o canto de cada um só terá sentido se fizer parte de uma canção mais ampla: *Nkosi Sikelel' iAfrika!*[12]

Penso assim principalmente porque me dei conta de que preparamos uma canção em que minha mãe se reconheça,

> **12 Nkosi Sikelel' iAfrika!**
>
> *Nkosi Sikelel' iAfrika!* foi o hino empregado pelos africanos em sua luta pelo fim do apartheid. Tornou-se mundialmente conhecido e remete diretamente às manifestações de protesto e, depois, de júbilo da população negra sul-africana. Após o fim do apartheid e com o evento da democracia, tornou-se hino oficial da África do Sul.

todas as mães se reconheçam, que faça acordar os homens e adormecer as crianças, porque minha vida, nossas vidas, formam um só diamante. E quando digo "diamante", não me refiro às pedras de minério que com nosso suor extraímos das minas mais profundas do mundo, mas que não trazem para nosso povo nenhuma riqueza: refiro-me à nossa humanidade, nossa capacidade de vivermos solidariamente, igualitariamente, sem mútua exploração e submissão.

Agora, façam as perguntas, mas uma por vez, senão vira bagunça. Pode fazer sua pergunta, guarda Fulano.

— *Espere um pouco, Madiba, por que o guarda fará a primeira pergunta? Até aqui, em meio a uma discussão de estudos entre presos, os brancos têm privilégios?*

— *Ele fará a "segunda" pergunta, porque a primeira você já fez sem levantar a mão, o que não é educado. Como ele levantou a mão antes de todos, deve ter seu direito respeitado. Senhor guarda, embora o regime que você representa não respeite nossos direitos, nós respeitamos os seus. E quando vencermos nossa luta, você e todos os demais africanos, sem distinção, serão tratados com dignidade. Seu direito à palavra está assegurado, pode fazer a sua pergunta. Enquanto eu o ouço e respondo, alguém pode cuidar da ordem de inscrições, para que ninguém fure a fila novamente?*

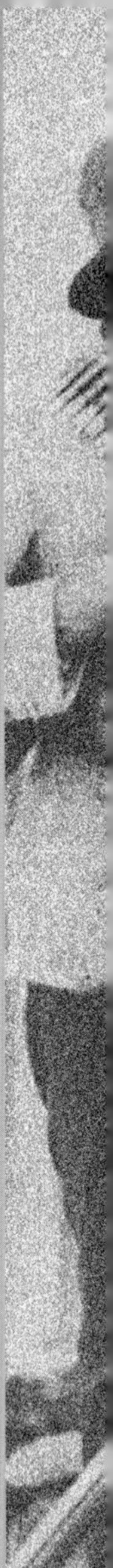

Universidade Mandela, outra aula

8

Não é possível querer transformar a África do Sul sem conhecê-la, de forma mais aprofundada e ampla. A África do Sul não é a nossa tribo, nem nosso clã, nem a simples soma deles, nem a soma total deles excluídos os brancos e os indianos.

Aceitem a realidade de que não se pode fazer um grande "xis" sobre a história e retomar a vida de nossas comunidades após o período neolítico. Isso não é possível. Muitas guerras foram feitas entre nós antes de Bartolomeu Dias cruzar o Cabo da Boa Esperança,[13] assim denominado pelos portugueses.

Muitos reinos e mesmo impérios africanos, com seus valorosos guerreiros e intrépidos monarcas, se engalfinharam em busca de terras boas para plantar, de caça abundante, de minas de ferro para explorar e mesmo de mulheres para casar.

---

13 Cabo da Boa Esperança

O Cabo das Tormentas, também chamado de Cabo do Bojador, foi rebatizado de Cabo da Boa Esperança pelos portugueses, após eles terem dominado as artes e técnicas de navegação que reduziram os riscos de naufrágio nessa região particularmente perigosa do oceano, que integrava a rota comercial marítima entre a Europa e a Índia. Fernando Pessoa eternizou a façanha dos portugueses no belo poema a seguir, que homenageia, em grafia arcaica do idioma lusitano, todos os que se arriscam para conquistar seus sonhos:

MAR PORTUGUEZ
Ó mar salgado, quanto do teu sal
São lágrimas de Portugal!
Por te cruzarmos, quantas mães choraram,
Quantos filhos em vão resaram!
Quantas noivas ficaram por casar
Para que fosses nosso, ó mar!

Valeu a pena? Tudo vale a pena
Se a alma não é pequena.
Quem quere passar além do Bojador
Tem que passar além da dor.
Deus ao mar o perigo e o abysmo deu,
Mas nelle é que espelhou o céu.

Quero dizer com isso que a moderna África do Sul só terá lugar no mundo se for uma nação democrática e não racial, construída a partir de sua própria história, feita de muito trabalho e de, ainda mais, sangue humano, negro e branco, derramado inutilmente, infelizmente.

Se continuamos a considerar o homem branco um invasor sem amor e sem apego a esta terra, fracassaremos em nossas lutas, pois os bôeres que aqui se instalaram fizeram-no com coragem, decidida e definitivamente. Portanto, deixem de lado essa fantasia infantil de que um dia eles voltarão para a Europa. Aqueles que lá nasceram e para cá vieram plantar verduras, frutas e legumes para abastecer os navios da Companhia das Índias Orientais estão mortos há quatro séculos. As gerações que os sucederam travaram guerras sangrentas contra nossa gente nativa e se enraizaram aqui. Seria absurdo e desumano não considerá-los africanos. Mas eles também se iludem ao se julgarem diferentes de nós: são africanos, embora não negros, embora se autodenominem africânderes e embora tenham inventado uma língua, o africânder, misto de português, holandês e inglês, para se diferenciarem tanto de nós quanto de suas origens europeias.

O maior defeito deles, se tivesse que fazer um resumo muito, mas muito pobre, é o de se comportarem não como membros de uma só nação, mas como uma tribo que precisa todo o tempo esmagar as outras para impor seu domínio. É preciso que superemos o nosso tribalismo para exigir deles que eles abandonem o deles.

Assim como nossas tribos e clãs têm seus heróis, eles têm os deles. É preciso conhecer a história deles, os seus heróis, sua forma de pensar, de guerrear, seu idioma, sua cultura. É preciso levar em consideração que, assim como travaram lutas contra nós, que estamos neste chão desde que o mundo é mundo, guerrearam e por fim venceram o

Império Inglês que, com todo seu "liberalismo", espalhou por África, Índia e China, além de suas estradas de ferro e máquinas a vapor, o terror de seus canhões, de seus exércitos implacáveis e de seu imperialismo.

É possível que nossos heróis sejam criminosos para eles? Todos sabemos que sim. Vários deles antes de nós ficaram trancados aqui mesmo, nesta ilha cercada de tubarões. É possível que os símbolos deles sejam para nós verdadeiras maldições? Sem dúvida. Mas por essa razão deixaremos de desejar e mesmo de exigir escolas para todos, universidades para todos, luz elétrica para todos, hospitais para todos, saneamento básico para todos? Concordam que esses itens não foram inventados por nós, mas que a vida de uma humanidade moderna os exige?

Somos agentes da história, não podemos ignorar o passado, sob pena de comprometermos o futuro. E não podemos orientar nosso futuro pelo ódio e pela vingança, mas por um projeto coletivo em que brancos e negros, superados todos os tribalismos, tenham lugar, se sintam seguros, livres e em condições de cuidar de suas famílias.

Alguns acham que isso se trata de um belo sonho irrealizável, e que a violência é um objetivo a ser perseguido, por ser inerente ao ser humano. Discordo disso. O ser humano quer ser feliz, ver seus filhos com saúde, se realizar enquanto indivíduo e enquanto membro de uma coletividade. Só faz uso da violência para superar situações que não podem ser resolvidas de outro modo. Porém, mesmo nesse caso, mesmo vencendo, sob o império da força bruta, ele sofre, pois antes de atingir a vitória se expõe a todo tipo de dor, inclusive a de impor o sofrimento a outro indivíduo.

Alguns ainda considerarão que a prisão está amolecendo minhas ideias e minhas palavras. Se por "amolecer" considerarem refletir mais para alcançar uma solução definitiva, sim, estou amolecendo, pois nenhuma solução interessa a

> **14 Trekkers**
>
> A Grande Viagem é como os africânderes, descendentes de holandeses na África do Sul, chamam sua jornada, iniciada em 1652, para o interior do continente africano, em alusão direta à jornada bíblica do povo de Israel em busca da terra prometida. Conhecidos como *trekkers*, termo que em língua portuguesa já foi traduzido como "bandeirantes", esses pioneiros enfrentaram tribos e nações africanas e, com um máximo de violência, triunfaram sobre eles, ocupando suas melhores terras. Com a expansão do Império Britânico, esses *trekkers*, já enraizados na terra, enfrentaram a coroa do Reino Unido nas chamadas Guerras dos Bôeres, vencendo-a. No século XX, seus descendentes terminam por eliminar a influência política britânica sobre o Estado e por implantar o regime de apartheid, de inspiração francamente nazista.

nós que não seja a definitiva, a de instaurar uma democracia verdadeira em nosso país.

Preciso ser franco e lhes dizer que, quando me recordo de alguns de meus primeiros escritos e discursos, fico abismado com o pedantismo, a artificialidade e a falta de originalidade. A ânsia de impressionar e fazer alarde, neles, é evidente.

Tenho me empenhado em aprender africânder e em compreender o apego que os africânderes, chamados de *trekkers*, têm por seus ancestrais que realizaram a Grande Viagem.[14] Vamos a alguns fatos históricos.

Muitos colonos holandeses, os bôeres – que significa em holandês nada mais do que lavrador, camponês – foram enviados pela Cia. das Índias Orientais para plantar hortaliças que abastecessem seus navios. Ora, a vida dessa gente era miserável, então uma parte deles, dos bôeres, já no século XIX se afastou da costa e procurou terras férteis para se fixar definitivamente nas savanas. Por essa época os ingleses já promoviam seus massacres, nas chamadas "guerras de fronteira", como a de 1846, contra os Xhosas, quando mais de quinhentas pessoas foram dizimadas por armas de fogo e baionetas.

Esses bôeres, religiosos, com suas mulheres e filhos, o que eram eles?

Trabalhadores, a maioria analfabeta, atirados pela necessidade em um mundo que lhes era desconhecido e hostil. Encontraram eles boas-vindas no interior das savanas? Para se defender, tinham rifles, mas isso não impediu de serem massacrados, em 6 de fevereiro de 1838, por ordem do rei Dingane, dos zulus, que, empenhado por sua vez em resistir à ocupação branca, mandou matar, empalar e deixar para os abutres sessenta integrantes de uma delegação bôer desarmada, encarregada de negociar diplomática e pacificamente com o soberano africano.

Isso é trágico, pois esses bôeres, gente simples abandonada à própria sorte pelos holandeses da Cia. das Índias Orientais, foram encarados como um sério risco pelo Império Britânico, por um lado, e recebidos como invasores, o que de fato eram, pelos nativos, por outro.

A capital Pretória tem esse nome em homenagem a um desses *trekkers*, Andries Pretorius. E o que fez ele, para vingar sua gente? Promoveu um massacre ainda maior do que aquele de que sua gente fora vítima. Essa carnificina entrou para a história como a batalha de River Blood, rio de sangue, que recebeu esse nome em alusão direta à quantidade de corpos de guerreiros zulus sangrados até a morte em suas águas. Para nossa angústia, temo que ainda rios de sangue correrão até que a África do Sul se encontre com seu destino de paz e democracia. Perguntas?

— *Madiba, parece que está recuando de sua posição em defesa da resistência armada...*

— *É contraditório, mas digo que não. Não se deve descartar nenhuma forma de luta, até que nossos inimigos sejam obrigados a encarar a disputa democrática baseada na consigna "um homem, um voto".*

— *Mas eles não farão isso se não forem derrotados militarmente antes.*

— Temo que nunca disponhamos de meios para derrotá-los militarmente. Próxima pergunta.

— Então estamos num beco sem saída: eles não assumem a democracia se não forem derrotados militarmente, e nunca serão derrotados militarmente porque nunca disporemos de meios... Estamos literalmente encalacrados!

— A principal derrota deles será no campo político. E esta está sendo longamente semeada por eles e por nós, dia após dia, anos após ano. Próxima.

— Nesse passo, no dia de São Nunca conquistaremos nossos objetivos.

— O que acontece se aquecermos ininterruptamente uma panela com água?

— Quando atingir cem graus ao nível do mar, ela ferve.

— Não há um instante em que o apartheid não acrescente fogo à panela quente de nossa libertação, que ocorrerá como tiver de acontecer, mas, com certeza, de modo imprevisto. Porém, desde já fiquem certos de que nossa libertação, e a deles também, não será a resultante de uma simples vitória pelas armas. Até porque, desde o primeiro encontro entre negros e brancos neste continente, elas têm sido usadas sem resultados proveitosos para quaisquer dos lados. Próxima pergunta.

— É confuso, Madiba, nossa maior vitória ser o direito de voto, mas não podermos largar as armas até que isso ocorra.

— Concordo que é confuso. E concordo que essa confusão pode não ser da realidade, mas da minha cabeça. Por isso, quando estiverem fora daqui, comparem tudo o que discutimos com a realidade, e tomem as decisões a partir dessa comparação. Não sou santo, não sou Deus, e pode ser *que nem bom dirigente seja. Sou apenas um guerreiro da liberdade encarcerado, como vocês, por lutar pelo que é justo, pelo que é certo, pelo que é mais humano.*

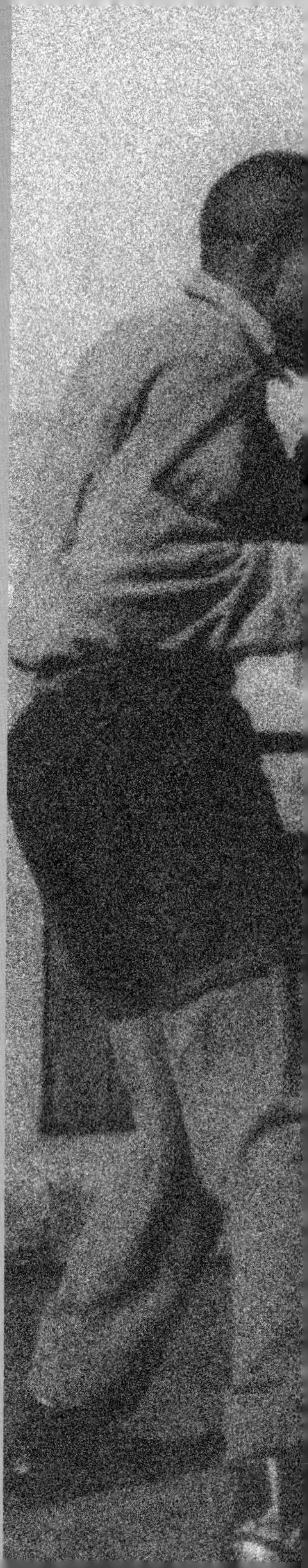

Por quanto tempo pode ser prolongada a juventude

9

— *Um, dois, três, quatro...*
— *Conta mais baixo, senhor Quatro Meia Meia!*

Pensar na família ou em quem a gente gosta quando se está enfrentando as consequências de decisões individuais é um risco muito grande, porque essas consequências afetam diretamente quem está mais próximo e impõem a pergunta: "Acertei ou errei?". E se a resposta a essa pergunta for, eventualmente, "Errei"? Por exemplo, quando meu tutor quis me casar com a moça que ele escolheu, fiz certo em fugir para Johannesburg ou não? Se tivesse me casado com ela, estaria preso agora?

— *Que pretende com isso tudo? Virar o super-homem, arrebentar as grades e sair voando? Quiá quiá quiá!*

— *Doze, treze, catorze, uf...*

Vejamos as hipóteses... Se tivesse me casado com ela, teria ficado no Transkei de minha infância e adolescência, de colinas azuis ao longe e verdejantes de perto, e teria me tornado conselheiro de meu sobrinho, K. D. Matanzima, de quem gosto muito, mas de quem discordo completamente. Essas discordâncias seriam secundárias se ele, como chefe dessa região, não tivesse adotado a política de apartheid, passado a fazer o jogo da ditadura racista e trabalhado para aniquilar toda a oposição a essa política em sua área de governo. E quem é que fazia oposição? O povo. As prisões estavam abarrotadas de jovens que ousaram confrontar Matanzima e enxergavam nele um colaborador, e mesmo um provocador do apartheid – pois em um de meus julgamentos não chegou mesmo a fazer questionamentos insidiosos aos acusados? Ah, não, meu sobrinho, que ousou depor o rei tradicional do Transkei para assim melhor servir o inimigo. Embora mais velho do que eu, você errou redondamente e ficou do lado errado da história. Se eu tivesse ficado a seu lado, teria sido arrastado pelo seu erro. Você está livre e é governante do nosso Transkei com apoio da tirania, eu estou preso e sou um líder de encarcerados, mas eu estou certo e você está errado.

— *Senhor Quatro Meia Meia, gosto que faça isso, pois assim não está com a mente ocupada em nos arrumar confusão na pedreira.*

— *Vinte e um, vinte e dois...*

A verdade é que se tivesse me casado com a moça, a teria enganado, pois não gostava dela, nem ela de mim, e sabíamos disso. Esses casamentos tradicionais arranjados pelos pais ou por seus substitutos não têm nenhum romantismo. Sou romântico, nesse aspecto, não abro mão: tem que ter amor, fantasia, sonho. Como isso pode acontecer em um casamento por interesses familiares, por mais fortes que eles possam ser? Hoje em dia há muitos meios justos de serem preservados interesses e direitos, me apaixonei pela advocacia em razão da possibilidade de conhecer e mobilizar esses meios, e o casamento forçado não é um deles. Mas há outra coisa também: se eu não tivesse fugido, não tinha tomado contato com os mineiros, nem conhecido de verdade o sufoco do povo pobre das favelas de Orlando, Sophiatown e outras por onde passei a trabalho ou em reuniões de luta e resistência.

— *Devo admitir, você escolheu a profissão errada, em vez de advogado encrenqueiro, deveria ter seguido o boxe.*
— *Trinta e dois, trinta e três, trinta e quatro...*

Mas tem a questão da família, puxa vida. Enquanto estava livre e tocando o escritório de advocacia, tudo andava bem. Mas com a perseguição, os processos infindáveis, os banimentos que me impediam até mesmo de ir à festa de meu aniversário, não consegui mais dinheiro para sustentar minha família. É certo que meus filhos, minha esposa, minha mãe paguem tão caro por minhas opções? Essa é uma questão delicada, porque a gente vive em comunidade, e tudo que um faz acaba refletindo no outro. Como preservar o direito que a gente tem de dispor de nossa própria vida sem que isso signifique prejudicar alguém próximo? Essa é uma pergunta de difícil resposta, chega mesmo a ser um impasse. É certo defender o direito de todas as crianças à escola, à moradia digna, à saúde, à proteção e expor os próprios filhos à privação dessas coisas pelas quais se luta? Posso jogar toda a culpa disso no regime que me prendeu, ou sou o responsável pelas dificuldades que minhas crianças estão enfrentando? Sou bom pai? Sou um pai ausente? Quantas vezes tive vontade de me desculpar com os camaradas, interromper alguma atribuição e voltar correndo para casa para ver minha companheira, minhas filhas. Porém, minha consciência, com sua voz urgente, me dizia: "Não pode, não é possível. Diga-lhe que é totalmente impossível, agora não pode ser, é impossível, não pode. Diga-lhe que está tristíssimo, mas não pode ir esta noite ao seu encontro. Peça a ela que perdoe, ao seu triste e inconstante amigo, a quem foi dado se perder de amor pelo seu semelhante, e por uma pequena casa, por um jardim de frente, por uma menininha de vermelho; e pelo direito de todos possuírem uma casa digna, um jardim com flores e uma filha a brincar entre elas."

— *Não vai me dizer que vai até o cem... Duvido!*
— *Sessenta e oito, sessenta e nove, setenta, setenta e um...*

Minha mãe estava no julgamento. Que será que passava por sua cabeça e por seu coração durante os debates, no momento da sentença? Terá se perguntado "Foi para isso que pus meu filho no mundo, meu Deus"? Ou terá se aliviado quando a pena de morte não foi pronunciada pelo juiz? Que forças uma mulher precisa ter para passar por isso sem enlouquecer? Ah, minha mãe, eu errei ou acertei com você? Tão difícil é conciliar nossa condição de indivíduo com nossos papéis sociais.

— *Noventa e nove, cem.*
— *Muito bem, senhor encrenqueiro, é difícil crer, mas chegou às cem flexões de braços! O quê? Não acredito que vai fazer isso agora! Ok! Vamos ver como se sai nos abdominais.*
— *Um, dois, três...*

Não vou negar a atração que Johannesburg exerceu em minha cabeça de moço vindo do interior. Então isso era a cidade grande! Então isso era o capitalismo! Imensos *outdoors* com propagandas de cigarros, comida e cerveja. Se não tivesse tomado o rumo que tomei, não teria conhecido essa África do Sul moderna, em que a riqueza e a opulência dos bairros milionários têm como outra face o trabalho nas minas profundas, onde operários eternamente sujos e maltrapilhos se esfalfam até esgotarem suas últimas energias a troco de salários humilhantes e de alojamentos coletivos, em que os beliches de concreto praticamente ficam uns colados nos outros.

— *Quarenta e oito, quarenta e nove...*
— *Vai, senhor Quatro Meia Meia, prove do que é capaz! Estou atrapalhando sua contagem? Quiá quiá quiá.*

A participação em discussões políticas e protestos desde a faculdade me ensinou que é possível se estar certo e errado ao mesmo tempo. Embora a prisão force a gente a ficar desestruturado emocionalmente – e esse guarda chato aí do outro lado da grade não contribui em nada para melhorar a situação –, é preciso ter disciplina para pensar. Ficar listando só as coisas ruins da vida só serve para se chegar à conclusão de que ela não vale a pena. Então, o melhor é não ser autocomiserativo, e aceitar, por mais energia que isso exija, que falhei e acertei com minha mãe e com Evelyn, que me deu filhos maravilhosos, com Winnie, que me deu outros também. E acertei e falhei com meus filhos também, e com meus companheiros, e com meus adversários, e com meus inimigos... E comigo.

— *Cento e vinte e oito, cento e vinte e nove...*

Não vou cair no erro de me considerar acima dos outros seres humanos. Sou falível e procuro me tornar melhor a cada dia, sejam quais forem as condições, enquanto indivíduo e enquanto liderança política, papel que assumi com orgulho e o qual não pretendo desonrar, senão aperfeiçoar enquanto estiver de posse de meu corpo e de meu espírito. No entanto, tenho consciência de que fui jogado aqui para ser destruído. Mas não esperem que eu contribua com essa tarefa, isso não. Realmente, esse guarda aí do lado de fora é um tremendo carne de pescoço.

— *Senhor encrenqueiro-mor, se perder a conta vai ter que começar tudo de novo, se eu estiver incomodando, pode falar, mas não vá perder a conta. Quiááááá quiá quiá.*

— *Cento e noventa e nove, duzentos.*

— *Muito bem, Quatro Meia Meia, provou que está em forma: cem flexões de braços nas pontas dos dedos, duzentos abdominais. Não entendo por que faz tudo isso.*

— *Para aguentar guarda violento ou matusquela é preciso muito preparo físico, meu amigo. Quando estou em forma, fico calminho, calminho.*

15	Condições de carceragem na ilha de Robben

As condições de carceragem na ilha de Robben eram difíceis para os prisioneiros, porém, eram também para o corpo da guarda, mal remunerado, mal alimentado e tratado com brutalidade pelos superiores. Em sua autobiografia, Nelson Mandela relata um efeito colateral extraordinário de uma greve de fome realizada pelos presos comuns, em seguida apoiada integralmente pelos presos políticos, tão logo eles souberam do movimento, mesmo com as imensas dificuldades de comunicação entre as alas, feita sempre de modo clandestino, pois era proibida. Esse efeito colateral foi que os próprios guardas do presídio aderiram ao boicote à comida, que era igualmente péssima e mesmo repulsiva, e por melhores condições de trabalho. (MANDELA, 2012, p. 518).

— *Tá, mas agora basta, pois está quase na hora de sair de sua cela para o café, na verdade, pó de milho torrado até parecer borra de qualquer coisa indistinta, mergulhada em água morna, tipo assim... de lavar coador.*

— *"Quase" na hora ainda não é "na" hora, senhor carcereiro. Então ainda há tempo para ao menos cinquenta flexões de pernas. Um, dois, três...*

— *Tudo bem, então manda ver logo, senão complica para o meu lado, pois sabe que a vida dos guardas aqui também não é nenhum paraíso.*[15]

— *Para aguentar o tranco, faça como eu: ginástica, com disciplina espartana. Os exercícios físicos ajudam a manter eternamente a juventude, a sanidade mental, o juízo...*

— *Vai logo, Mandela!*

— *E a paciência.*

Uma Johannesburg estranha demais

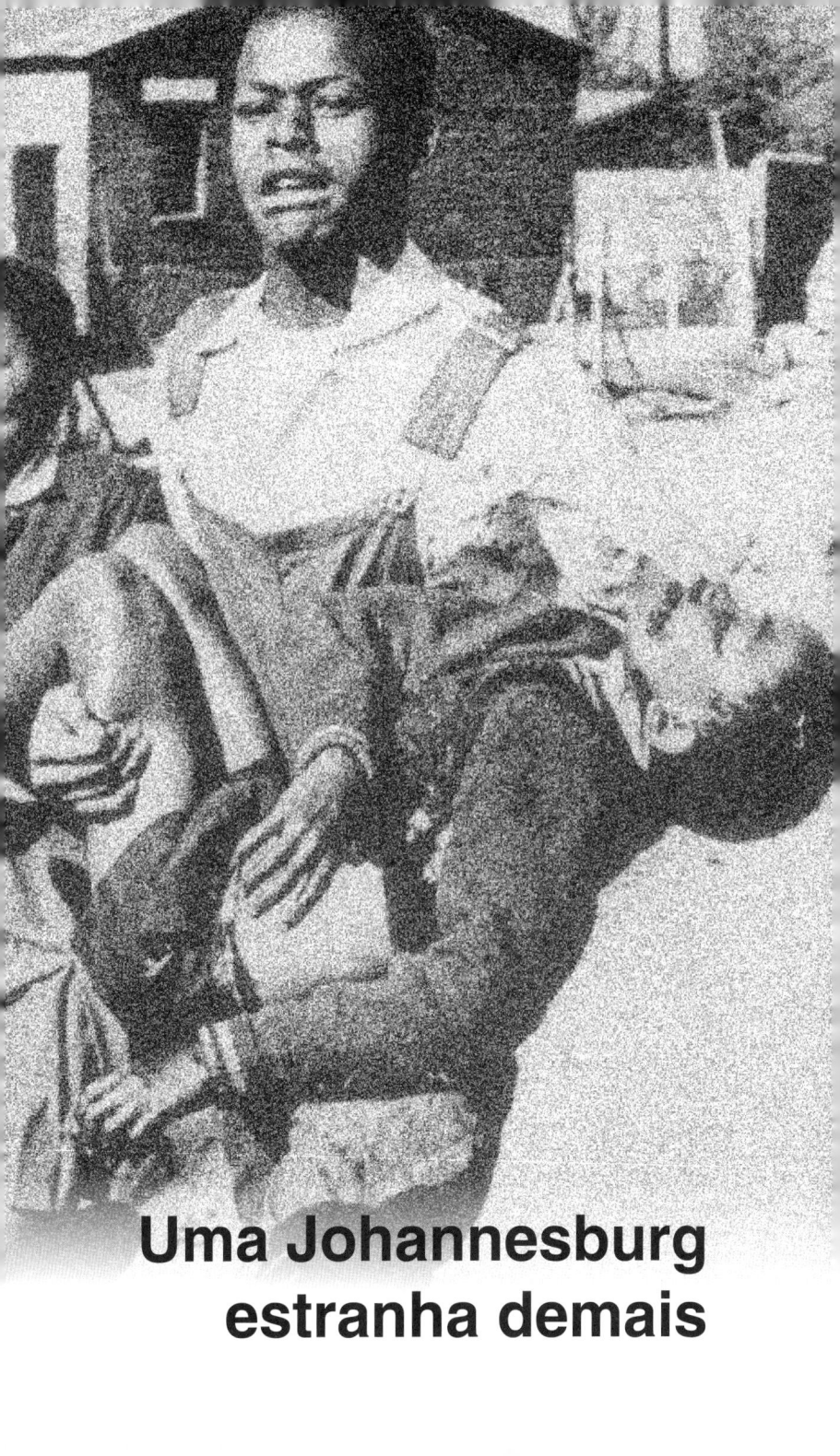

10

Bem, então é isso a liberdade... Um guarda de portão dá um empurrão em você para fora da penitenciária de Johannesburg e lhe diz com impaciência: "Caia fora, Quatro Meia Meia, antes que se arrependam e o engaiolem novamente". Nada de errado se eu estivesse confinado em Johannesburg. Porém, como vim parar aqui, se ainda ontem estava na ilha de Robben? Não é hora de perguntar semelhante coisa a ninguém, vamos em frente.

Nunca imaginei que ouvir os portões da prisão se fecharem atrás de mim pudesse me causar tamanho desconforto, principalmente porque era de se esperar que houvesse alguém do lado de fora para me receber. No entanto, não há ninguém. Não avisaram ninguém sobre minha soltura para evitar tumultos, certamente.

Calcularam minha libertação para este dia cinzento, frio e de vento desconfortável para estragar minha euforia. É realmente o fim da picada, os senhores do apartheid conseguiram legislar até sobre o clima, e pintaram esta agitada cidade moderna com as cores de sua ideologia: cinza. Não dá para dizer que calcularam mal, pois este dia tão aguardado me caiu no espírito como uma comida estragada no estômago. Para onde ir agora, sem um tostão no bolso e sem ninguém por perto que eu conheça, depois de tanto tempo de encarceramento?

É isso que se ganha quando se fica tanto tempo afastado do mundo. Ainda que eu me sinta como um novato diante do espetáculo formidável da vida, preciso admitir que o relógio dentro da penitenciária andou num ritmo diferente.

Que não haja ninguém a me esperar, compreende-se. Não seria a primeira vez que o regime emprega estratagemas para driblar a imprensa e o povo. Porém, que não haja ninguém, absolutamente ninguém do lado de fora, nem um ônibus, nem um táxi para se apanhar sob esse céu fosco, de nuvens paradas e glaciais, é mais que estranho, é decepcionante.

É nisto que o regime de segregação racial tornou uma das mais vibrantes capitais do continente: um marasmo desbotado em que tudo parece uma natureza morta sinistra e exasperante.

Imagino que um negro vem vindo, é branco! Só bem perto fica negro, passa e torna a ficar branco. Imaginação, timbre triste de martírios.

Tudo bem, o negócio é ir a pé, quem sabe aparece um carro para carona ou uma viva alma para ir conversando pelo caminho.

Jamais imaginei que me veria a caminhar desoladamente, no dia de minha libertação, por uma paisagem em preto, branco e nuanças grisalhas a se espalharem pelas copas das poucas árvores do arruamento e pelas fachadas dos prédios imóveis como presságios. Um cenário assim esvaziado de vida e de movimento cairia bem a um cemitério. A lembrança é funesta, mas que sou eu a esta hora de uma tarde fria, vazia, sem luz, a caminhar sempre na direção de Soweto, e a ouvir os estalos dos saltos de madeira de meus sapatos no chão frio e levemente umedecido pela garoa?

Um pobre vem vindo, é rico! Só bem perto fica pobre, passa e torna a ficar rico. Imaginação... Garoa da minha Johannesburg, sai dos meus olhos.

Que dia é este de brumas e atmosfera gris, de que mês de sonho ruim, de que ano enevoado, para eu esquecer para sempre? Por qual rua seguir agora? Todas parecem me levar a Orlando Oeste, mas com um chão assim escorregadio e mortiço, quem conseguiria se mover satisfatoriamente? Ou me engano ou ando há pelo menos quatro horas no cenário estático, frio e desolador.

Se olhar para trás, a prisão continuará a minhas costas? Em caso afirmativo, terei ficado por quanto tempo parado no mesmo lugar, a caminhar imaginariamente por uma cidade fantasma? Que vale mais: continuar em frente sem resolver uma dúvida alucinante ou arriscar resolvê-la e descobrir que a prisão não tira do homem apenas a liberdade, mas também a sanidade mental?

Depositar a mala no chão, tirar o chapéu de feltro da cabeça, sacudir dele as gotículas cristalinas de garoa e arriscar, uma vez que a vida é risco, uma mirada para as torres do presídio que não está lá, comprovando que a caminhada foi efetiva, embora desalentada, quando deveria ser jubilosa.

Pôr novamente o chapéu, apanhar a mala do chão, alisar o sobretudo goticulado e retomar o caminho interrompido. Esta já é uma rua de Soweto,[16] e

---

16 Soweto

Soweto é a sigla para, na tradução em português, "assentamento sudoeste". Com a política de deportação forçada e violenta do apartheid, Soweto cresceu e tornou-se palco de resistência da população negra contra o regime de segregação racial. Mandela morou na Orlando Oeste, parte do que se tornaria o assentamento de Soweto; na verdade, uma favela em que a população negra era mantida nas piores condições de saúde, habitação e segurança, e onde, além da resistência política e cultural ao regime, também imperavam gangues violentíssimas de criminosos que ensejavam batidas policiais a qualquer hora do dia ou da noite e que serviam muitas vezes de pretexto para a repressão contínua da população.

Em 16 de junho de 1976 um protesto pacífico de mais de quinze mil estudantes que se deslocavam para o estádio do assentamento foi reprimido violentamente, tornando a favela de Soweto conhecida internacionalmente e associada à luta pela liberdade e pelo fim do regime de segregação racial.

A população negra, além dos idiomas tradicionais de cada etnia, falava o inglês e era alfabetizada nessa língua. A ditadura impôs nos currículos a exclusão do inglês e a adoção compulsória do africânder, idioma oficial do apartheid. Estudantes de todas as idades, principalmente crianças e adolescentes, bem como educadores, se rebelaram. Organizado contra essa medida, o protesto pacífico foi alvo de fuzilaria da polícia.

A foto representativa da selvageria do apartheid, batida pelo fotógrafo Sam Nzima, correu o mundo: um adolescente, ladeado

> por uma colega em desespero, leva ao colo o corpo de Hector Persen, de treze anos de idade, assassinado covardemente pelos agentes da repressão.
> O levante de Soweto, como um rastilho de pólvora, incendiou o país. Assentamentos se rebelaram por toda parte, com igual violência do aparato repressivo. Funerais em massa converteram-se em atos de protesto pacífico, também reprimidos, e ganharam as páginas dos jornais do mundo. Historiadores consideram que, a partir do levante de Soweto, o apartheid inicia sua derrocada irreversível.

parece que ando em círculos, porque jamais chego a Orlando Oeste.

Só porque sonhei tanto por este momento, aqui estou eu nela, de frente ao número 8.115, minha casa, tal como a deixei quando entrei para a clandestinidade, tal como a imaginei durante tantas noites em claro a olhar para a lâmpada sempre acesa da cela de Robben. Portas e janelas de minha casa, por que tão abertas para o dia brumoso, gelado e fosco? Minha casa, por que tão vazia neste dia que deveria ser de festa, júbilo, reencontro e reconciliação?

Então para isso me libertaram: dos grilhões da cadeia para a cidade fantasma de garoa e brumas.

— *Quatro Meia Meia! Acorde, está tendo aquele pesadelo novamente! Será possível que não se pode cochilar neste pardieiro!*

Um homem não é uma ilha

11

Uma das primeiras coisas que fez ao se dar conta de que passaria na ilha um período cuja extensão era insabida foi elaborar um calendário. Sim, porque uma das piores coisas que podem ocorrer a um ser humano privado do convívio com os outros, com o mundo exterior, com o restante da humanidade, é a perda da noção de tempo. Isso pode levar qualquer um à loucura, quem duvida disso?

Quando a humanidade se orientava pelo trajeto do sol, da lua e das estrelas na abóbada celeste; e quando previa a mudança das estações climáticas pelos sinais impressos na vegetação; e quando se abrigava de tempestades, furacões e mesmo tsunamis a partir da observação do comportamento dos animais, essa noção abstrata de tempo que temos hoje em dia não fazia falta.

Porém, quando aprendemos desde os primeiros anos de vida a observar os ponteiros dos relógios, a regular o período exato das aulas na escola, a mensurar o tempo gasto nas lições de casa e nas diversões, a duração de uma partida de futebol e de uma sessão de cinema; quando nos acostumamos a saber com exatidão o período de festas e o momento adequado de retornar para casa com segurança, levando em consideração os minutos ou horas que um veículo demora para fazer um determinado trajeto, bem, quando se adquiriu noção precisa de tudo isso, torna-se uma tortura não saber em que dia da semana, de que mês, de que ano se está.

E, na ilha em que ele está agora, a primeira coisa a desaparecer do horizonte é exatamente essa noção abstrata de tempo que a humanidade demorou milênios para desenvolver. Por isso é compreensível que ele tenha elaborado imediatamente um calendário com o maior rigor possível, tão logo pisou na ilha. Perder esse calendário seria afundar num mundo confuso e anacrônico em que todos os dias da semana poderiam se parecer igualmente a uma segunda-feira, ou a uma terça-feira, ou a qualquer outro dia.

Marcar as horas do dia seria um problema menor, pois esse pequeno intervalo de tempo, depois de certa prática de observação, mesmo em dias nublados, embora com alguma imprecisão, poderia ser mensurado. O problema imensamente perigoso residiria na escala dos dias, e depois dos meses e, pior dos casos, dos anos, uma vez que a perspectiva de permanência na ilha era dessa dimensão.

É pensando nesse sentido que ganha importância radical o conhecimento e a manutenção da história. Saber que um evento ocorreu antes de outro evento, e que foi sucedido no tempo por outros, em ordem cronológica, é essencial para a ciência, mas também para o indivíduo. Confundir quando os fatos ocorreram leva a erros lamentáveis. Se do conhecimento de um fato, então, depende uma tomada de decisão, esse domínio da história, portanto do conhecimento dos fatos na linha do tempo, é vital.

Não obstante, vão questionar: que grande decisão esse recluso de uma ilha inexpugnável teria de tomar que dependesse tanto da manutenção correta de um simples calendário? Bom questionamento. Parece tolice, mas, soltos no mundo, não nos damos conta das referências temporais essenciais que nos auxiliam no dia a dia. Por exemplo, muitos dão pouca importância para isso, mas, tendo convivido em uma sociedade moderna, quem se esqueceria de sua própria data de nascimento?

É pouco? Sim, entretanto, para o indivíduo, comemorar seu aniversário é uma forma de reafirmar seu amor pela vida e sua decisão de continuar a lutar por ela. Como comemorar o próprio aniversário quando se perdeu o calendário? Vejam em que aspecto íntimo e delicado estou tocando. Mesmo alguém que, em situação normal, não desse a mínima para seu próprio aniversário se acharia em uma situação dramática ao se dar conta de que fora mergulhado em uma condição na qual a data de seu aniversário estivesse totalmente perdida para sempre. Nesse caso, como regular para si próprio o fenômeno do envelhecimento em face da passagem dos dias?

Agora vem o pior. E se, vejam bem, só por hipótese, se esse indivíduo perdido em uma ilha, descuidado de organizar um calendário tão exato quanto possível, depois de muito tempo retornasse ao convívio social, como receberia as transformações que certamente teriam ocorrido no mundo? Se ele não deu atenção ao calendário, descuidou-se igualmente de conjeturar sobre um fato candidamente certo: enquanto o tempo em sua ilha, condicionada por uma lógica interna aparentemente imutável, pareceu-lhe suspenso, o tempo no mundo exterior acelerou-se vertiginosamente.

Que consequências teria isso? A de que esse homem, reinserido em um mundo radicalmente transformado, se sentiria um verdadeiro fóssil. E, com certeza, seria também recebido por esse mundo dinâmico como tal. Nesse caso, o desajuste seria brutal, e restariam a esse homem, mergulhado numa vida contemporânea que o rejeita, poucos locais de acolhida além do hospício.

— *Qual mesmo o nome desse personagem aferrado ao calendário como a uma tábua de salvação?*

— *Robinson Crusoé.*

> **17 Amandla! Ngawethu!**
> O grito de guerra do CNA *Amandla! Ngawethu!* se espalhou pela África do Sul. Sempre em manifestações antiapartheid um líder saudava a multidão: *Amandla!* (O poder) e esta respondia numa só voz *Ngawethu!* (Está com a gente!). Durante o Julgamento de Rivônia, em que os líderes do CNA foram sentenciados, fosse do lado de fora do tribunal ou nas galerias internas, essa saudação foi pronunciada inúmeras vezes, especialmente pelo principal personagem, Mandela. Após a sentença, antes de serem transferidos para a ilha de Robben, ainda na prisão de Pretória, durante a noite, antes de dormirem, alguém puxava a palavra de ordem: *Amandla!* E das galerias da prisão centenas de vozes ecoavam: *Ngawethu!*

— *Quando sair daqui, vou ler esse livro.*

— *Faz bem. Por isso digo a vocês: controlem o tempo de permanência aqui como se fosse uma questão de vida ou morte, dia a dia, mês a mês, ano a ano. Somos prisioneiros políticos, querem nos desestruturar, tornar-nos fósseis enterrados na areia do tempo. Não vamos permitir isso. E quando sairmos daqui, dure o tempo que durar nossa reclusão, seremos ainda a vanguarda de nossa luta e de nosso tempo, prontos a transformar o mundo com nossas ideias.*

— *Assim faremos!*

— *Por isso, além de manter seus calendários sempre em dia, ajudem-nos a contrabandear para dentro da ilha de Robben o tempo de fora, na forma de recortes de jornais, páginas de revistas, resumos em letras de formiga, e a distribuir mensagens em papel higiênico, fundos falsos de caixas de fósforos, bilhetes em meio a pratos sujos, seja lá o que for. Precisamos sincronizar nosso tempo daqui com o tempo do mundo exterior, para o qual queremos retornar e o qual queremos transformar. Amandla!*

— *Ngawethu!*[17]

— *Gente, fala baixo, senão desfazem a roda e mandam todo mundo desta pedreira direto para a solitária!*

A paciência é revolucionária

12

Quando a gente fundou a Liga da Juventude do CNA, embora tivéssemos bastante consciência para nossa pouca idade, tínhamos, eu pelo menos tinha, uma certa urgência. Era difícil controlar a sede de justiça diante de tanta injustiça, do mesmo modo que era difícil reconhecer a realidade concreta em meio à ânsia de transformar a África do Sul em uma sociedade igualitária.

Pensando friamente, não tínhamos que derrotar apenas os brancos racistas e suas políticas desumanas, mas isso não era simples de se compreender e menos ainda de aceitar. Um considerável número de líderes negros tradicionalistas se deixou convencer de que havia algumas vantagens na segregação racial, travestida da conversa mole de "desenvolvimento em separado". Ofertas de postos no poder e empregos na administração para líderes dóceis ao regime e em áreas destinadas apenas a negros, os chamados bantustões,[18] eram sementes de discórdia entre os que tinham todo o interesse em lutar contra o apartheid.

Seja como for, nossa pressa em nada alterou o fato de que o regime ditatorial se aproveitou de nossas divisões para se eternizar no poder. Uma coisa era combater da forma mais intransigente e adequada possível o inimigo, empenhado o tempo todo em nos submeter a condições

18 — Os bantustões

Os bantustões faziam parte da política de segregação racial do apartheid. Ao reservar áreas no interior da África do Sul exclusivamente para negros, com administração também concedida a eles, a partir de líderes dóceis ao regime, este buscava na verdade se livrar de sua responsabilidade direta pela miséria e opressão da população negra, jogando-a sobre os ombros dos líderes étnicos. Visava também criar, para sua indústria, comércio e serviços, um mercado de mão de obra abundante, barata e sem nenhum direito social ou trabalhista. Para efetivar esses bantustões, o regime de apartheid implementou um arcabouço de leis e medidas que objetivavam legalizar, do ponto de vista do regime, a expulsão da população negra de suas casas, de ruas e bairros inteiros de grandes cidades – a mais representativa delas, Johannesburg. As expulsões ocorriam a qualquer momento, inclusive de madrugada. Para tanto, as autoridades precisavam apenas declarar uma área de interesse dos brancos. Atirados os pertences das famílias literalmente à rua, os *bulldozeres* (tratores adaptados especificamente para esse fim) demoliam tudo que encontravam pela frente. O deslocamento compulsório das famílias era realizado de maneira brutal e, com frequência, o lugar para onde eram levadas não contava com nada além de um terreno vazio em meio à savana seca, sem infraestrutura urbana de qualquer espécie, fosse ela sanitária, elétrica, de transporte, de comunicação ou saúde pública.

sub-humanas; outra era buscar convencer a população negra de que o "desenvolvimento em separado" nada mais era do que uma política de guetos, a confinar oitenta por cento da população do país em vinte por cento do território. E isso seria ainda uma dádiva, se as terras escolhidas a dedo pelos senhores do apartheid para esse fim não consistissem ainda nas menos férteis, nas mais pobres em minérios e nas piores em termos de infraestrutura urbana.

Nesse ponto é que a questão da paciência entrou em destaque, porque o regime insistia na tecla de que estava garantindo aos negros as terras ancestrais, em que etnias milenares fincaram suas raízes. Como conciliar as tradições locais com a ideia de construir uma grande África do Sul para todos, negros, mestiços, descendentes de indianos e brancos?

Com tanta opressão desencadeada pelo governo dos racistas, para algumas lideranças tradicionais se mostrou atrativa a oportunidade de viver longe deles. Porém, nesse particular, foram ignorados aspectos incontornáveis: embora separados, os negros desses bantustões continuaram a ser tratados como elementos subalternos, inquilinos de suas próprias terras, cidadãos de última categoria à mercê da violência policial e da corrupção do poder judiciário lacaio de um partido totalitário. Para completar esse filme de horror, resta computar ainda o desemprego brutal, as condições de vida aviltantes, a falta de hospitais, escolas, saneamento básico, não continuarei a lista pois é extremamente enfadonho.

Falando assim, por cima, dá vontade de chutar tudo para o alto, não é? Mas, na vida real, isso não é possível nem aconselhável. A luta por grandes transformações precisa encarar a realidade, por mais complexa que ela seja. Na própria ação da Liga da Juventude fomos aprendendo a importância de nunca incorrermos em precipitações, pois não há nada pior do que, ao se apontar para um alvo inimigo, errar e acertar um amigo.

Agora vocês reclamam de que demoro a fazer meus lances no tabuleiro de damas. Ora, por que me afobaria aqui, se em face de decisões muito mais difíceis aprendi a manter o autocontrole e o sangue frio? Se bem que essa aprendizagem me custou muito também. Critiquei um líder do Congresso Pan-Africanista por ele, sem a menor base, marcar para 1963 a data de vitória do povo sobre o regime racista. Mas eu mesmo, depois, não depositei todas as esperanças no ano de 1970? E com que base, a não ser a ansiedade e a vontade de que as coisas se resolvessem logo?

É preciso conhecer o ritmo dos eventos e interferir nele, contudo sem a ilusão de que será possível aboli-lo e inventar um outro. Há um momento adequado para ações mais arrojadas, e há períodos em que precisamos nos recolher, reunir forças e acumular energias para liberá-las no instante-chave, caso contrário desperdiçamos os esforços de cada um e de todos inutilmente. Assim como aguardar na defesa o tempo todo pode preservar as forças dos inimigos, atacar sem acúmulo e em hora errada é desastroso, porque os oponentes não deixarão um erro nosso sequer sem que paguemos por ele custos os mais elevados possíveis.

É claro, estamos agora debruçados não sobre questões de alta transcendência, mas sobre um modesto tabuleiro de jogo de salão. E concordo que, aparentemente, mover mais lenta ou apressadamente uma pedra preta contra outra branca agora tem pouco a ver com erros e acertos de nossa luta.

Porém, com mais tempo, pode-se pensar melhor no lance e ainda, na pior das hipóteses, retardar a derrota se for o caso. Concordam?

Até perder é melhor quando a derrota nos apanha em pleno domínio da consciência, pois serve de lição. Não conheço ninguém que tenha extraído boas lições de ações açodadas. No entanto, não se pode confundir esse movimento cuidadosamente pensado com medo de agir, ou com movimento irrefletido e atrasado.

Quando diante de um tabuleiro de damas afasto uma peça e aviso: "Defesa!", estou dando a meu oponente a oportunidade de raciocinar sobre minha ação e sobre a decisão que ele próprio terá de tomar em seguida. Porém, quando movo uma peça e exclamo a meu oponente de jogo: "Ataque!", ele que cuide de se defender, pois tenho ao menos seis possíveis variantes decorrentes de seu movimento já em mente, com as respectivas reações que terei de assumir para cada uma delas. Por exemplo, agora: "Ataque!".

— *Perdi novamente, Madiba!*

— *Viu só? Você estava preocupado com a lentidão de meus movimentos e se distraiu de defender suas peças. Mas não se engane comigo, pois há um sujeito aqui que move com esperteza as pedras e pensa igualmente rápido. Já ganhou de mim não sei quantas vezes, embora eu também o tenha vencido outras tantas. Estudei a estratégia dele, que é bem articulada. A rapidez de seus movimentos age emocionalmente sobre o adversário, que se vê um tanto obrigado a sair de seu próprio ritmo para não prolongar o jogo. Sucede que o jogo rápido é o campo dele, em que ele é mestre. Por que, então, não arrastá-lo para fora de seu campo? Embora seja um excelente jogador, é mais provável que seja derrotado quando o ritmo lhe é desfavorável. Nem sempre se consegue manter o sangue frio e evitar ser contaminado pelo frenesi adversário. Refleti sobre minhas derrotas para esse bom jogador, e cheguei à conclusão de que nessas oportunidades fui capturado por sua estratégia psicológica e movi minhas peças no ritmo imposto por ele. Se tivesse desacelerado meus movimentos, isso confundiria suas táticas de ataque e defesa, então eu teria muitas chances de neutralizá-lo e de capturá-lo na esfera de minha estratégia. Em política e na vida, sempre é melhor ir com calma, porque um lance errado nessas duas dimensões pode desencadear as piores consequências, enquanto o máximo que se perde em um jogo de damas é uma partida.*

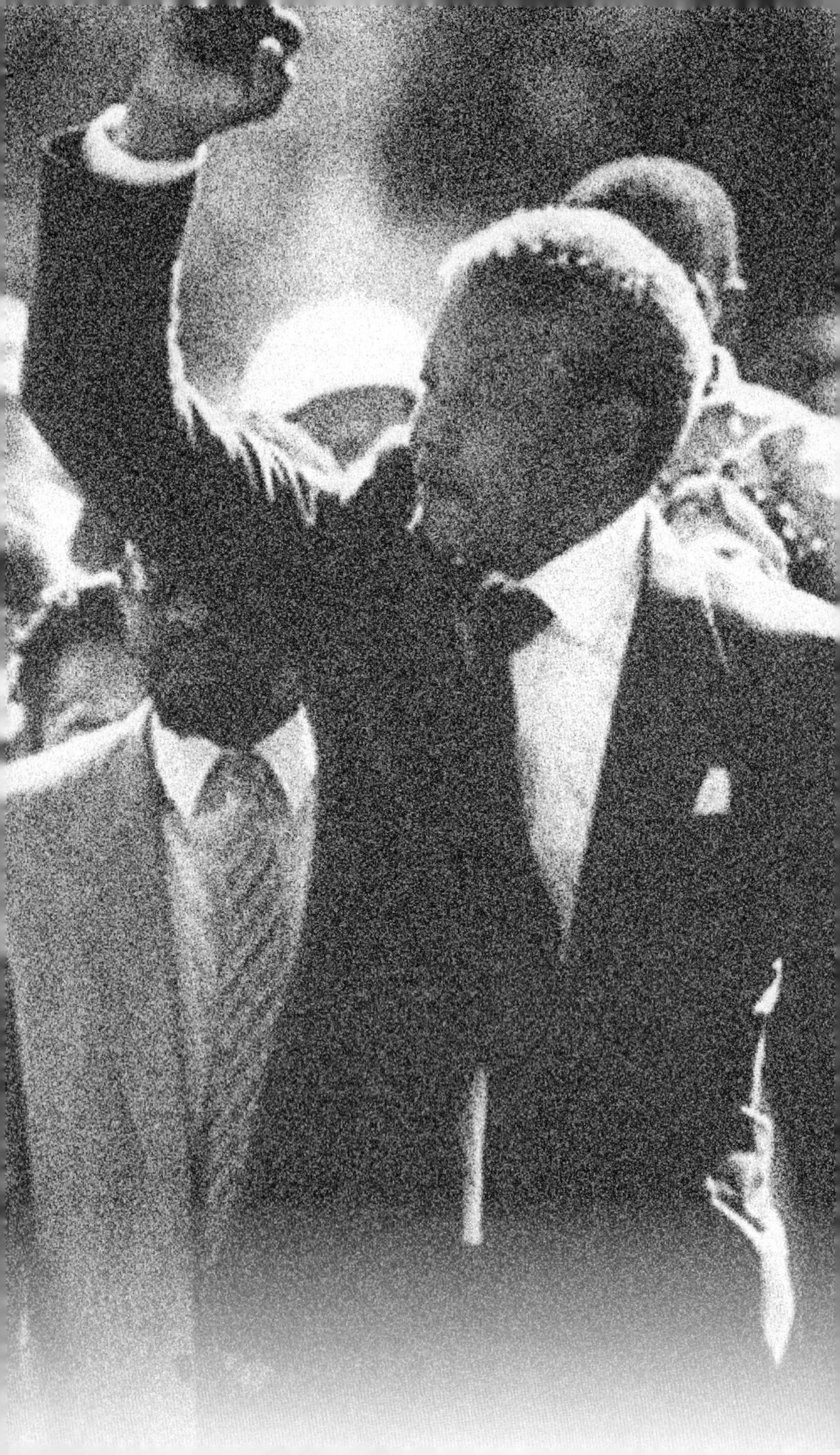

Jardineiros e suas searas

13

Comparações são sempre imprescindíveis na vida, caso contrário não saberíamos discernir entre o justo e o injusto, o correto e o incorreto, o bom e o ruim. Já analogias são perigosas, porém, guardando-se os devidos cuidados, podem ser úteis.

Quando entrei na universidade, em Fort Hare, parte de minhas atribuições era cuidar de jardim.[19] Outros considerariam essa atividade um tanto sem graça, não eu, que vivi minha infância descalço, a observar a beleza de colinas, árvores, arbustos, gramíneas, e os insetos e animais que se beneficiavam da vegetação.

Naturalmente, quando menino, de pé no chão e pedra nas mãos para dar em passarinho, minha preocupação essencial era trepar nas árvores e sentir, lá do alto, a brisa fresca ou o mormaço quente a subir do chão empoeirado. E também observar o azulado das montanhas ou a linha perfeita do horizonte.

---

19 Atividades na ilha de Robben

Duas das atividades mais apreciadas por Nelson Mandela eram a jardinagem e a horticultura. Quando estudante cuidou do jardim de um dos professores de Fort Hare, como uma de suas atribuições extraclasse. Tão logo lhe foi permitido, cultivou na ilha de Robben hortaliças e tomates, que inclusive chegaram a abastecer modestamente a cozinha da penitenciária. Sem nunca perder oportunidade para extrair lições de tudo na vida, Mandela aproveitou essa sua inclinação para refletir sobre o movimento de luta contra o apartheid. Em sua autobiografia ele observou: "De certa forma, eu via a horta como uma metáfora para certos aspectos de minha vida. Um líder também deve cuidar de sua horta; ele também planta sementes, e então observa, cultiva e colhe o resultado. A exemplo do jardineiro, um líder deve se responsabilizar pelo que cultiva; ele deve ocupar-se com seu trabalho, tentar repelir os inimigos, preservar o que pode ser preservado e eliminar o que não pode prosperar" (MANDELA, 2012, p. 597-598).

Na universidade, se tratava de aproveitar a quietude das plantas para pensar sobre o curso, sobre a vida e sobre o porquê de haver tantos pobres e tão poucos ricos sobre a face da terra. Uma ou outra vez levei uma ferroada de abelha enquanto pensava, mas, muitas vezes, meus pensamentos me ferroaram muito mais.

Era verdadeiramente interessante observar como algumas flores eram abundantes e exuberantes, mas de vida breve, enquanto outras eram modestas em número, tímidas na beleza, mas duradouras. No início tinha pena das duas: das primeiras, pela brevidade; e das segundas, pela falta de maiores atrativos.

Porém, observei que alguns passarinhos e insetos polinizadores frequentavam apenas um dos tipos de flores, enquanto outros, apenas o outro. Também observei que a simples mudança de lugar de um vaso pode injetar novas energias numa planta ou arruiná-la de uma vez.

E não apenas o grau de incidência de sol era determinante de sucessos ou insucessos, mas também a exposição ao vento. Algumas plantas suportavam excelentemente correntes contínuas de vento, outras, em pouco tempo murchavam e perdiam as folhas, se expostas a elas.

Confesso que estraguei algumas plantas ao realizar poda errada ou, simplesmente, por temor, não realizar poda nenhuma. Embora um jardim pareça uma realidade uniforme, não é. Cada planta tem sua própria forma de ser e de viver. Uma poda mais cuidadosa é exigida por uma, enquanto outra, de tempos em tempos, necessita de uma poda radical para que novos ramos verdes e sadios surjam.

As particularidades chegam mesmo a minúcias inimagináveis para um iniciante, como era o meu caso. Em algumas ocasiões, doido para terminar rápido o trabalho e ir me divertir com os amigos, me precipitava no trato de alguns exemplares. Uma vez me surpreendi com o desenvolvimento insatisfatório de um tipo de trepadeira, e passei a observá-la com maior atenção. Ela lançava ramos até vigorosos para todos os lados, mas estes não chegavam a lugar algum.

Intrigado, quando um desses ramos avançava sobre o caminho, procurei, com o máximo cuidado, enredá-lo em uma haste que fixei no chão. Tudo ia bem, até que toquei na ponta do ramo. Apesar de a parte de baixo ser flexível, mesmo elástica e firme, a ponta era extremamente frágil e quebradiça. Então, me dei conta de que, toda vez que procurava ajeitar aleatoriamente o emaranhado de ramos, eu mesmo partia suas pontas e condenava a planta ao nanismo. Depois disso, procurei orientar para a posição adequada cada ramo individualmente, tocando apenas em suas partes mais firmes, inferiores. Demorou um pouco, mas a planta vicejou. A verdade é que, até aquele momento, a praga daquela planta era o seu jardineiro afobado.

Tratar cada planta como um indivíduo do jardim foi uma descoberta muito significativa. Enquanto algumas exigem cuidados diários, para outras esses cuidados diários se tornam um estorvo. Algumas aceitam ser manipuladas, outras, principalmente nas regiões de brotos, o simples calor humano ou toque das pontas dos dedos as condena à morte. É mesmo curioso, mas essas mesmas plantas que rejeitam o contato humano, por mais afeto que se imprima nele, aceitam bem ser manipuladas com hastes de metal ou de bambu.

E há eventos com as quais temos simplesmente que nos conformar: algumas plantas crescem rapidamente, tornam-se altas e frondosas, enquanto outras crescem lentamente, nunca atingem grandes alturas e seus galhos são, embora elegantes, finos como taquaras.

Some-se a isso que é necessário sempre contar com as ervas daninhas, que devem ser eternamente removidas, pois

> **20 Campanha Internacional Libertem Mandela!**
>
> Em março 1980 o jornal *Johannesburg Sunday Post* estampa em primeira página o slogan da campanha internacional LIBERTEM MANDELA! Idealizada por Oliver Tambo e pelo CNA, agora uma força poderosa e irresistível, a campanha personaliza no prisioneiro 466 da ilha de Robben todo o esforço pela libertação dos presos políticos da África do Sul e pelo fim do apartheid. A partir desse momento, a história se acelera também dentro da penitenciária: a estratégia de aniquilação dos líderes da luta pela liberdade fracassou. A semente da liberdade, plantada com cuidado por todo o país, inclusive dentro das prisões, e regada amorosamente pelo sacrifício de milhões de africanos ao longo dos anos, tornou-se uma árvore frondosa, que começa a dar uma exuberante florada, cujos frutos eclodirão em abundância a partir do final dessa década.

sempre voltam, seja por um pedaço de raiz ter permanecido oculto na terra, seja pela ação do vento, que não cessa de semeá-las.

Porém, há ainda, é preciso reconhecer os limites de nossa condição, as perdas, algumas inevitáveis e extremamente dolorosas.

Quando uma planta é acometida por uma doença de difícil detecção, e cujo tratamento é tardio ou ineficaz, ela fatalmente fenecerá. Se foi bonita e frondosa, se foi frágil e elegante, dela ficará apenas a lembrança e, eventualmente, as sementes ou mudas que gerou. Nesse caso, o carinho para com as sementes e as mudas deve ser redobrado, para que o patrimônio da espécie não sofra risco de extinção e, pelo contrário, resulte em novos frutos e sementes.[20]

Nossa luta por um mundo mais justo se parece muito com um jardim, em que os jardineiros são aqueles que pugnam por transformações verdadeiras, aqueles que os republicanos espanhóis, em sua luta contra o fascismo, chamavam "juventude do mundo".

Mas isso é uma analogia, uma licença poética, que requer o máximo de cuidado e atenção da parte de quem a recebe, pois o mundo dos dias atuais não é exatamente um jardim para todos e, embora revolucionários sejam uma espécie de jardineiros, sua seara é de esperanças e sonhos, que não são nada se não brotarem do povo, se não estiverem enraizados no povo, e se não florescerem e frutificarem para o povo.

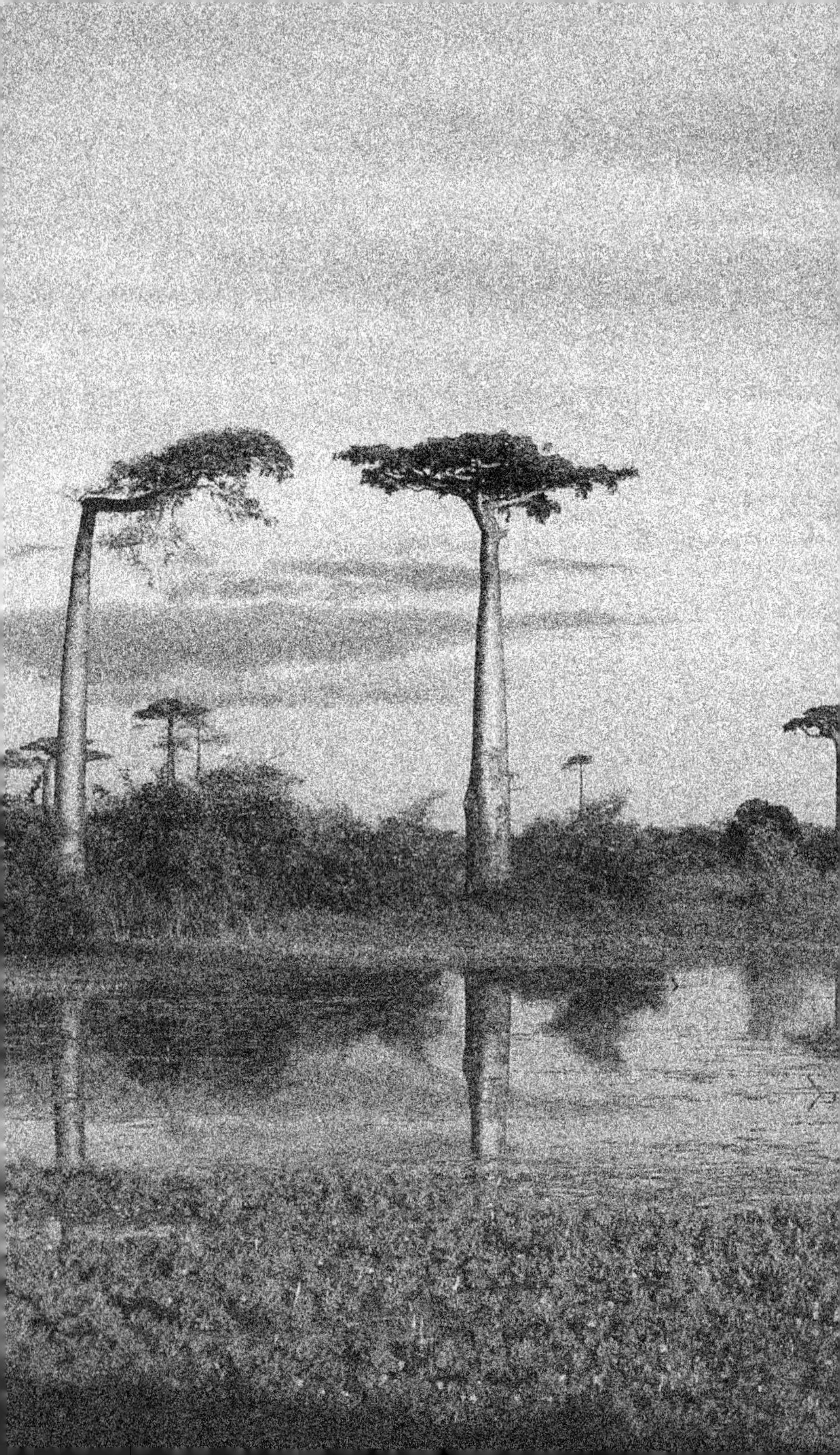

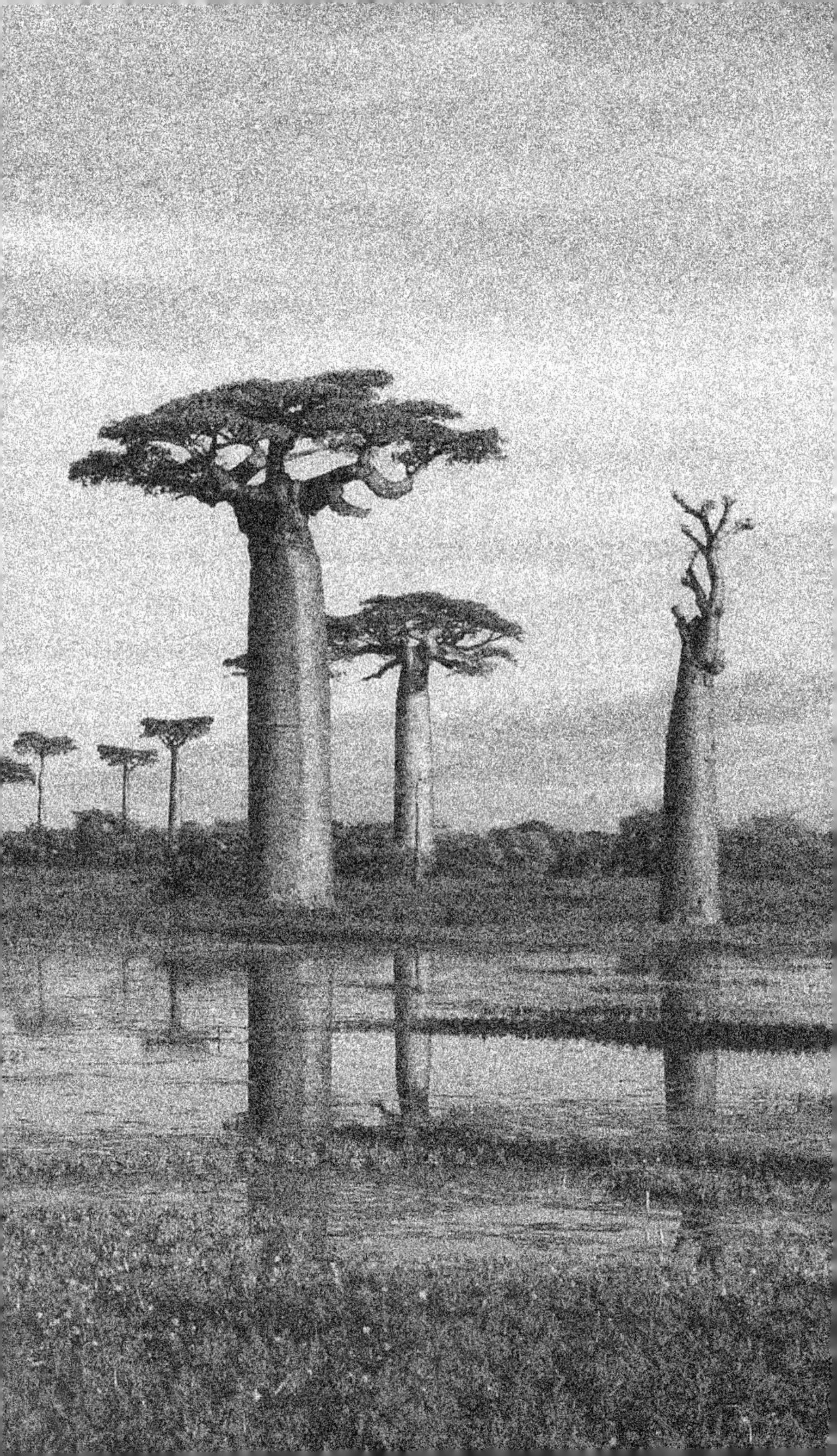

Bibliografia

Bibliografia

ANDRADE, Carlos Drummond. *Poesia completa e prosa*. Rio de Janeiro: Cia. José Aguilar Editora, 1973.

ANDRADE, Mário de. *Poesias completas*. Ed. Crítica de Diléa Zanoto Manfio. Belo Horizonte: Villa Rica, 1993.

BURGER, Marlène; GOULD, Chandré. *Secrets and Lies. Wouter Basson and South Africa's Chemical and Biological Warfare Programme*. Cidade do Cabo: Zebra Press, 2002.

CAMUS, Albert. *L'Étranger*. Paris: Éditions Gallimard, 2005.

DEFOE, Daniel. *A vida e as estranhas aventuras de Robinson Crusoé*. Trad. Domingos Demasi. São Paulo: Record, 2004.

DOSTOIÉVSKI, Fiódor. *Recordações da casa dos mortos*. Trad. Nicolau S. Peticov. São Paulo: Nova Alexandria, 2010.

FRANCE, Tristan Mendes. *Dr. La Mort. Enquête sur un bioterrorisme d'État en Afrique du Sud*. Lausanne: Éditions Favre, 2002.

HERNANDEZ, Leila Leite. *A África na sala de aula*. São Paulo: Selo Negro Edições, 2008.

KI-ZERBO, Joseph. *História da África negra*. Trad. Américo de Carvalho. Mem Martins: Europa-América, 2009.

LANG, Jack. *Nelson Mandela, uma lição de vida*. Trad. Rubia Prates Goldini. São Bernardo do Campo, SP: Mundo Editorial, 2007.

LAPIERRE, Dominique. *Um arco-íris na noite*. Trad. Sandra Martha Dolinsky. São Paulo: Planeta do Brasil, 2010.

M'BOKOLO. *África negra, história e civilizações*. Trad. Alfredo

Margarido. Salvador: EDUFBA; São Paulo: Casa das Áfricas, 2009.

MANDELA, Nelson. *Conversas que tive comigo*. Trad. Ângela Lobo de Andrade, Nivaldo Montigelli Jr., Ana Deiró. Rio de Janeiro: Rocco, 2010.

_____. *Longa caminhada até a liberdade*. Trad. Paulo Roberto Maciel Santos. Curitiba: Nova Cultura, 2012.

MEREDITH, Martin. *Coming to Terms. South Africa's Search for Truth*. Oxford: Public Affairs, 1999.

MORAES, Vinicius de. *Antologia poética*. Rio de Janeiro: Livraria José Olympio, 1980.

PESSOA, Fernando. *Mensagem*. Rio de Janeiro: Nova Fronteira, 1981.

RAMOS, Graciliano. *Memórias do cárcere*. São Paulo: Círculo do Livro, 1981.

UNESCO. *História geral da África: África sob dominação colonial, 1880-1935*. Trad. MEC, Centro de Estudos Afro-Brasileiros. São Paulo: UFSCAR, 2011.